O cerco

Marina Rossi

O cerco

A Amazônia invadida pelo gado

todavia

Para Raoni, Caê e Nuno

Introdução

Conheci Geraldo Alckmin no fim de 2014, exatamente no dia em que estava marcada a sua cirurgia. Ele entrou com os olhos arregalados pelo único corredor do Hospital Municipal de General Carneiro, um pequeno município de 6 mil habitantes em Mato Grosso, quase na divisa com Goiás. Embora modesto, o hospital estava bem conservado e com as paredes recém-pintadas de um cinza-esverdeado cor de escola pública nos anos 1990. Vestindo a tradicional camisola hospitalar azul com abertura nas costas, ele foi caminhando até a sala de cirurgia, onde uma equipe de profissionais dos melhores hospitais de São Paulo estava pronta para atendê-lo.

Medicamentos, instrumentos e equipamentos de ponta haviam sido transportados da capital paulista até a cidade mato-grossense, em uma viagem que durou treze horas de trechos aéreo e terrestre. A cirurgia de Geraldo Alckmin seria simples e a expectativa dos médicos era de que se recuperasse rápido. Ele tinha boa saúde, e, no caso de ocorrer alguma emergência, estaria rodeado de bons profissionais. Depois de menos de duas horas de procedimento, já estava no quarto descansando junto à família. A hérnia na bolsa escrotal direita, que ele carregava desde o nascimento, não era grave, mas causava-lhe dores e, consequentemente, certa dificuldade para caminhar. Por isso, desde muito pequeno, havia sido alvo constante de bullying dos outros meninos.

Aos oito anos de idade, qualquer diferença é motivo para piada. Agora, o pequeno indígena da etnia xavante, cujo nome ocorreu à mãe enquanto assistia às propagandas eleitorais para presidente em 2006, estava livre das dores — e, assim esperava, das piadas.

A cirurgia foi realizada por uma equipe de profissionais da ONG Expedicionários da Saúde, que organiza expedições a territórios indígenas e ribeirinhos para realizar procedimentos médicos desde 2004. Correção de catarata e retirada de pedras nos rins estão entre as operações mais comuns realizadas pelo grupo.

Eles costumam montar um centro cirúrgico no meio da floresta. Mas na expedição que eu acompanhei como repórter do *El País Brasil*, os voluntários decidiram utilizar o hospital do município mais próximo à Terra Indígena (TI) Sangradouro para realizar os procedimentos, já que a distância era curta.

Essa foi a segunda vez que eu estive na Amazônia. A primeira, meses antes, havia sido em uma cruzada por seringais do Acre atrás da história de vida da então candidata Marina Silva. Era ano de eleição presidencial e bons detalhes da trajetória de uma das postulantes poderia valer uma reportagem sobre as peças do xadrez político.

Não foram poucas peças a se moverem naquele ano. Em meio a uma eleição polarizada entre Dilma Rousseff (PT), que tentava se reeleger, e Aécio Neves (PSDB), que personalizava a histórica oposição ao PT até então, um acidente aéreo colocou a disputa em xeque.

No final da manhã de 13 de agosto de 2014, o jatinho que levava o presidenciável Eduardo Campos e mais seis pessoas para um comício em Santos (SP) caiu em uma área residencial da cidade. Ninguém sobreviveu. Marina Silva, que não estava no avião graças à "providência divina", como ela afirmaria no dia do velório de Campos,[1] passou a encabeçar a chapa, na qual até então figurava como vice.

Embalada pela comoção nacional depois do trágico acidente aéreo, Marina chegou a liderar as pesquisas eleitorais — e a matriz do *El País* na Espanha rapidamente encomendou seu perfil. Foi assim que, no Acre, pisei pela primeira vez no chão da Amazônia. Logo entendi que ali o tempo corria de outra forma: "daqui a pouco" ou "rapidinho" são expressões que podem se referir a longas horas em um percurso de carro por uma estrada de terra batida ou alguns quilômetros de barco. Andei por dias, bati à porta de casas de palafita, visitei escolas atrás de alguma informação da Marina que havia crescido pelos seringais.

Todos a conheciam, mas não havia uma só pessoa que convivera de perto com ela. Indicavam alguém que poderia saber de outro alguém que, por sua vez, saberia de alguém que a teria conhecido. E assim, seguindo esses rastros difusos, no último dia de viagem consegui chegar ao sr. Adaíldo Carneiro de Lima. Um senhor com a pele do rosto sulcada pelo sol e com os cabelos bem brancos que na ocasião vestia uma camiseta preta com o desenho do coelho da Playboy. O sr. Adaíldo me contou o que eu esperava ouvir depois de dias de buscas: quando criança, havia sido vizinho de Marina Silva no seringal Bagaço, onde ela nasceu e cresceu. Em frente à casa que construiu com recursos do programa Minha Casa Minha Vida, lançado por Luiz Inácio Lula da Silva (PT) em 2009, o sr. Adaíldo me revelou que gostava muito da antiga vizinha, mas não votaria nela, já que era beneficiário dos programas sociais do governo petista e se sentia grato por isso.[2]

Mergulhar em partes remotas do Brasil, como o pedaço de terra no qual vivia o sr. Adaíldo, me levou a querer conhecer melhor o país. Por isso em 2015 voltei à Amazônia. Viajei de avião até Manaus, em cujo porto comprei uma rede e um bilhete para o barco que me levaria até Belém no dia seguinte. Eu já tinha lido que era recomendável chegar cedo no dia da viagem para garantir um bom lugar para instalar a rede, que seria meu quarto pelos quatro dias seguintes.

Seguindo o conselho à risca, fui uma das primeiras pessoas a entrar no barco. Garanti meu espaço e fiquei feliz com a vista que teria para o rio. Para a minha surpresa, à medida que o horário da partida se aproximava, mais e mais gente se apinhava no convés e rapidamente me vi soterrada por outras redes amarradas em cima, embaixo e ao lado da minha. Chegar cedo só me fez entender que, na realidade, isso não faz nenhuma diferença.

Na verdade, o que faz diferença em uma viagem como essa, eu descobriria depois, é ter duas coisas: uma boa flora intestinal e um pouco de paciência. Foram quatro dias, três noites e horas a fio de música alta — principalmente tecnobrega, o ritmo por excelência da região naquela época, quando o piseiro ainda não existia.

No primeiro dos três andares do barco havia eletrodomésticos (como fogões e geladeiras), caixas e um carro, além, é claro, de redes. No segundo andar, onde eu estava, havia alguns quartos pequenos e quatro banheiros, que deviam dar conta das mais de duzentas pessoas a bordo. Contei 123 redes só no meu andar. No último ficava um pequeno bar que vendia cerveja, refrigerante, água, alguns biscoitos e macarrão instantâneo de micro-ondas. Era ali que ficavam as caixas de som e onde a vida social do barco acontecia. Ao longo do percurso, a embarcação parou nas mais diversas cidades, deixando e recolhendo passageiros e vendedores de todo tipo de coisa: DVDs, pen drives com músicas, relógios, roupas, bijuterias, doces, farinhas, sucos, camarões secos, frutas.

Sentado na proa, meu vizinho de rede, dono de um radinho de pilha que não silenciava nem mesmo durante a madrugada, foi abordado por um vendedor que tentou convencê-lo a comprar um relógio. Alguns minutos de lábia depois, o barco sinalizou a partida e o vendedor pulou rapidamente para fora, sem ter conseguido fazer nenhum negócio. "O moço tentou me vender um relógio que custava cem reais. Eu disse que não tinha esse dinheiro", contou-me o vizinho depois. "Ele foi baixando o preço, baixando... até chegar em trinta reais. Imagina o relógio como era para chegar nesse valor, né?", disse, desdenhando da mercadoria. "No final, eu disse a ele que não compraria. Para que ter um relógio se eu sou cego?" Meu vizinho voltou a ouvir seu radinho e o barco partiu para a próxima cidade.

Depois do primeiro dia, a paisagem se tornou corriqueira e o tédio substituiu o deslumbramento. Fiz amigos que me ajudaram, cuidando dos meus pertences enquanto eu tomava banho. Meu quarto, afinal, era dividido por mais de cem pessoas. Uma nova amiga cabeleireira fez minha sobrancelha de graça, para meu olhar "ficar mais aberto". Jogamos baralho, comi açaí com feijão e aprendi as letras de todos os hits daquele ano enquanto a viagem seguia seu curso.

Na última noite choveu muito. Eu não senti medo até ver algumas senhoras rezando. Pela rádio-peão, fiquei sabendo que o barco embarcara gente demais para "compensar a falta de carga", e no mesmo instante comecei a contar a quantidade de coletes salva-vidas pendurados no teto. Eram 150. Fui perguntar ao capitão se não havia mais gente do que colete. As notícias de acidentes com esse tipo de barco são comuns e o cenário começou a me preocupar. O capitão tentou me tranquilizar. Disse que havia colete suficiente para todos. E emendou: "Fique tranquila, se algo acontecer, seu colete é Jesus". Se eu soubesse rezar, aquele era o momento.

Seguimos viagem debaixo da tempestade, que acabou sendo breve, e chegamos com segurança a Belém — para minha alegria, já que nutria expectativas altas sobre a cidade. A gastronomia paraense é famosa, e eu queria experimentar o tacacá, as receitas com jambu e os peixes amazônicos. Porém, nem tudo aconteceu como eu esperava. Assim que cheguei ao porto, percebi que não me sentia bem. Ainda pegaria um ônibus até a Ilha do Mosqueiro, onde os tios de uma amiga gentilmente me hospedariam. Meu caminho, no entanto, começou na farmácia. Já estava com febre e diarreia, meu corpo inteiro doía. Peguei uma virose que me arrebatou por dias. Da gastronomia de Belém, só ficou o gosto da água de coco.

Levei anos para entender o que aconteceu comigo nessa viagem. "As pessoas da cidade passam mal, se sentem doentes nas primeiras incursões na Amazônia, porque têm overdose de corpo. Acham que é malária o que é tesão por um corpo que não se sabia", definiu a escritora e jornalista Eliane Brum, no livro *Banzeiro òkòtó: Uma viagem à Amazônia Centro do Mundo*.[3]

Enquanto eu tentava entender o que meu corpo havia sentido na Amazônia, o Brasil convulsionava numa década bastante turbulenta para o país. O voo de galinha de Marina Silva a levou à terceira posição no final da disputa de 2014. Dilma foi reeleita, mas com uma margem muito estreita de votos — apenas 3% a mais que Aécio. Inconformado, o tucano e seu partido questionaram a lisura do processo eleitoral, em uma ação que acabou sendo o berço do ataque à democracia e às instituições incorporado pelo bolsonarismo anos depois.

Geraldo Alckmin, o garoto, tornou-se um adolescente e segue vivendo na aldeia xavante de Bom Sucesso, situada na TI Sangradouro. Já Geraldo Alckmin, o político, migrou para o PSB do finado Eduardo Campos. Em 2022, foi eleito vice-presidente do petista Luiz Inácio Lula da Silva, o mesmo que o derrotou naquele ano de 2006, quando Geraldo Alckmin, o garoto, nasceu. Marina Silva se tornou ministra do Meio Ambiente de Lula pela segunda vez. Por sinal, a razão pela qual ela não estava naquele voo com Eduardo Campos em direção a Santos revelou-se ser mais política do que divina: Geraldo Alckmin, o político.

Marina não queria participar de um evento em que ele, na época candidato à reeleição ao governo de São Paulo pelo PSDB, também estaria presente. Não subiria no mesmo palco que um tucano. Acabou não viajando, sobreviveu e hoje divide com o vice-presidente as salas de reuniões em Brasília.

Enquanto essas movimentações aconteciam na capital federal, a Amazônia encolhia. Entre 2012 e 2022, a maior floresta tropical do mundo perdeu quase um território de Portugal inteiro de vegetação.[4] Como repórter, passei os últimos anos noticiando parte dessa perda e pude ver de perto os clarões abertos na floresta, que se intensificaram ainda mais durante os quatro anos do governo de Jair Bolsonaro (2019-2022), algo que já havia sido previsto no roteiro de campanha.

Em 2018, durante a eleição, o discurso de Bolsonaro, contrário ao meio ambiente e a instituições fiscalizadoras, como o Instituto Brasileiro do Meio Ambiente (Ibama) e o Instituto Chico Mendes de Conservação da Biodiversidade (ICMBio), deu fôlego para desmatadores em todo o país. Empoderados pelas falas do então candidato, madeireiros, garimpeiros e grileiros inauguraram o que viria a ser uma curva ascendente do desmatamento ilegal no bioma pelos quatro anos seguintes.[5] Os povos da floresta e aqueles que vivem para mantê-la em pé tornaram-se alvos fáceis de um sistema que foi se formando para incentivar a derrubada de árvores e coibir qualquer tipo de punição por crimes ambientais.

Na divisa entre Rondônia e Mato Grosso, o povo paiter suruí temia essa devastação. Entre o primeiro e o segundo turno das eleições, voltei pela quarta vez à Amazônia, desta vez à aldeia Lapetanha, na TI Sete de Setembro, para escrever sobre as investidas contra a floresta. Caminhando com os nativos mata adentro, era possível sentir a tensão a cada tronco de árvore empilhado, maquinário abandonado ou nova lona de acampamento encontrada, elementos que denunciavam a presença recente de madeireiros no local. "Eles estão avisando que estão próximos", me disse o líder indígena Almir Narayamoga Suruí, ao ouvir dois disparos.

Levávamos uma espingarda e nada mais. No caminho entre a floresta e Cacoal (RO), a cidade mais próxima do território, a paisagem remetia mais à realidade de Brasília do que ao imaginário criado sobre a Amazônia. Gado avançando sobre a mata, igrejas enfileiradas e homens armados davam o tom do significado prático das bancadas do boi, da bala e da Bíblia, como são chamadas as frentes parlamentares que defendem interesses ligados à agropecuária, às forças de segurança e à Igreja no Congresso Nacional. Toda a região era permeada por ameaças do garimpo ilegal, dos grileiros ou dos madeireiros. Ou dos três ao mesmo tempo.

Ainda em 2014, o pesquisador Carlos Nobre, sumidade nas pesquisas sobre o aquecimento global no país, me disse que o Brasil tinha condições de, em dez ou quinze anos, zerar o desmatamento.[6] "É preciso investir na agricultura e pecuária regenerativas e zerar a pressão de expansão da fronteira agropecuária em cima das florestas, do Cerrado e da Caatinga", me explicou. "E é preciso que os mecanismos de incentivos foquem na recuperação de áreas desmatadas e degradadas no sentido de plantar floresta. Isso não é nada fora do que é exequível para o Brasil."

Dez anos depois, o que era factível tornou-se, no mínimo, mais difícil. Não só a proposta de Nobre não foi colocada em prática, como, pelo contrário, a vegetação continuou a ser suprimida. Por causa da soja, do gado, da mineração e do desmatamento ilegal, o avanço sobre a floresta segue levando a Amazônia ao colapso. Ainda assim, o pesquisador persistia otimista. "Estamos em um ano muito bom [em relação à redução do desmatamento]. É até difícil de acreditar", me disse no fim de 2023.

Algumas semanas antes, o Instituto Nacional de Pesquisas Espaciais (Inpe), do qual Nobre foi pesquisador titular até 2012, havia anunciado que a taxa de desmatamento na Amazônia entre janeiro e setembro daquele ano havia sido a menor dos cinco anos anteriores. Com base nesse dado, Nobre tentou me explicar, didaticamente, o caminho até o desmatamento zero: "Vamos supor que a cada ano o desmatamento seja reduzido em 50%, como foi neste ano. Ano que vem, então, cairá mais 50%, e já será uma redução de ¼ do desmatamento em relação a 2022. Depois, no ano seguinte, já seria quase 80% de redução". Nesse ritmo, segundo o pesquisador, seria possível zerar o desmatamento até 2030. "É um enorme desafio", reconheceu, quando conversamos às vésperas do que viria a ser um dos dias mais quentes da história da cidade de São Paulo.

O desafio mencionado por Nobre é uma meta ousada, mas possível. Se não for cumprido, no entanto, nos levará a outro extremo. Assim como "aquecimento global", "emissões de gases estufa" e "emergência climática" fazem parte do nosso caça-palavras cotidiano, os cientistas vêm alertando há algum tempo sobre o chamado "ponto de não retorno", isto é, quando a floresta começa a perder a capacidade de se autorregenerar e entra em colapso, transformando-se em outro ecossistema. "No início da década de 1990 publicamos os primeiros artigos científicos dizendo que o clima da Amazônia se modificaria tanto que ela deixaria de ser uma floresta tropical", conta Nobre. "Naquela época a Amazônia era somente 13% desmatada, então era uma projeção futura. Mas, infelizmente, o futuro chegou."

A chegada acelerada desse futuro tem um pé no aquecimento global e outro em suas causas. Uma das mais impactantes é o avanço da pecuária sobre a área de floresta, e é justamente sobre esse assunto que me debruço neste livro, partindo do seguinte questionamento: por que, afinal, a maior floresta tropical do mundo está se transformando em pasto? Como a Amazônia foi invadida pelo gado? E o que a carne que você come — ou mesmo que não coma — tem a ver com isso? Para responder a essas perguntas, viajei até São Félix do Xingu, no Pará, onde reside a maior população de gado do Brasil, cujo pasto divide espaço com — e, em muitos casos, invade — a Floresta Amazônica. Encontrei personagens e histórias inesperadas, que me levaram das capitanias hereditárias às disputas por terra decorrentes do caos fundiário que a herança colonial nos deixou.

Planejei a viagem tentando evitar o período das chuvas, quando, a depender do trecho, as estradas se tornam intransponíveis. No entanto, a estação seca na Amazônia tem sido cada vez mais longa, uma das consequências das mudanças climáticas. "Antes, havia tempo suficiente para a floresta secundária crescer onde as árvores morriam em decorrência da seca", disse Nobre. "Isso porque, mesmo durante a seca, o fenômeno da reciclagem da água estava presente na floresta: as árvores transpiravam e essa transpiração evaporava e transformava-se em nuvens, provocando novas chuvas." Mas, como uma extensa área da Amazônia virou pasto, a reciclagem é muito menor. Quando a grama fica seca e amarelada, perde uma fração de sua capacidade de produzir fotossíntese e, consequentemente, de transpirar.

Os números estão na cabeça de Nobre, que os repete constantemente em entrevistas e artigos publicados na imprensa. "Quase toda a planície amazônica transpira mais água durante a estação seca do que a chuvosa: cerca de 4,5 litros por metro quadrado por dia. Já a pastagem transpira entre um litro e 1,5 litro por dia." É uma relação sinergética, diz o cientista: as secas muito frequentes e a falta de reciclagem da água causada pela pastagem são fatores que influenciam a medida da estação seca. E, enquanto o globo fica mais quente, o pasto avança sobre a floresta, empurrando-nos para o ponto de não retorno.

Este livro busca fazer um raio X do que nos levou à beira do precipício. Vamos viajar ao coração do Pará, um dos estados com os maiores índices de desmatamento e (não coincidentemente) um dos maiores rebanhos bovinos do país, para mapear, uma a uma, as consequências do avanço da pecuária sobre a Amazônia. Passaremos por paisagens e encontraremos personagens que nos ajudarão a montar um complexo quebra-cabeças. Da Amazônia a Brasília — e com uma importante parada na avenida Faria Lima, o centro financeiro do país —, conversaremos com cientistas, ambientalistas, advogados, empresários, economistas e pequenos e grandes produtores.

Também reuni estudos e solicitei documentos por meio da Lei de Acesso à Informação, levantei e cruzei dados para tentar entender como e por que a Amazônia está hoje estrangulada, sufocada por queimadas, ferida por conflitos sangrentos e pisoteada por bois, tornando-se um gigantesco território de propriedades ilegais, terras griladas e árvores derrubadas. Por que o maior rebanho comercial do mundo está pastando em um lugar que deveria ser floresta? Quando e como a Amazônia começou a ser encurralada? E quem promove esse cerco?

Para entender como chegamos até aqui, precisamos resgatar a história da ocupação da Amazônia. De uma Festa do Divino a ameaças a uma família americana que, até hoje, disputa um pedaço de terra em Mato Grosso do tamanho da cidade de São Paulo, passei por diferentes cenários e encontrei, acima de tudo, histórias entranhadas no avanço do pasto sobre a floresta. Um personagem emblemático, que eu não esperava encontrar, vive na pele esse caos fundiário e é o pontapé inicial para delinearmos o mapa do estrago, abrindo nossos olhos para o tripé que sustenta — política, cultural e economicamente — essa cadeia. Ao som do sertanejo ostentação, a estética do agro ganhou impulso com o confisco do Delfim muito antes de o "Camaro amarelo" existir. Vou contá-las aqui e relacioná-las a fatos e análises políticas, culturais e econômicas do país e do mundo sem perder a esperança, porque existem caminhos possíveis que podem ser percorridos sem que tantas árvores sejam tombadas.

Espero que você sinta o pulso da floresta ao longo da leitura. E, assim como na minha viagem pelo rio Amazonas, torço para que ao final ainda tenha tesão de corpo — mas que não seja na forma de dor de barriga.

I.
Como a Amazônia deu no que deu

A história da ocupação na Amazônia, das capitanias hereditárias ao caos fundiário

Era o último dia das celebrações do Divino Espírito Santo. A fartura de comida e de bebida é até hoje — sessenta anos depois — lembrada mesmo por quem não estava presente. Zé Bimbinha, o dono da casa e anfitrião do festejo, era um devoto e, todo ano, coordenava as comemorações naquele vilarejo no sudoeste do Pará. Mas naquele dia, além dos vizinhos e parentes, Bimbinha acabou recebendo também um pequeno grupo de forasteiros. Eles deram com a festa por acaso, enquanto caminhavam mais de trinta quilômetros em busca de uma fazenda onde lhe tinham prometido trabalho. Exaustos de andar ao longo de um dia inteiro sob o sol, a festança era um oásis. Comeram, beberam e acabaram dormindo ali mesmo, sob um pé de pequi.

No dia seguinte, uma parte do grupo seguiu caminho antes mesmo de o sol nascer. Sobraram um pai e dois filhos que, ao despertarem e perceberam que seus companheiros de viagem já não estavam mais ali, ficaram perdidos, pois não conheciam o caminho até a tal fazenda. Ao ver a situação dos três, Zé Bimbinha se solidarizou. Ofereceu um pedaço de terra para que pudessem trabalhar e trazer o restante da família, que havia ficado no pequeno vilarejo de Alacilândia, no sudoeste do Pará. Em troca, uma parte de tudo o que fosse produzido seria entregue a Zé Bimbinha. Ali eles poderiam começar a vida. Ou recomeçar. Mais uma vez.

Anos mais tarde, em seu pequeno escritório (um cômodo abarrotado de livros em volta de uma mesa com um computador, logo na entrada da casa onde vive em Marabá), o historiador Airton dos Reis Pereira me contou essa jornada com detalhes. Um dos filhos mais novos do homem auxiliado por Zé Bimbinha — e presenteado pelo Divino —, Pereira não vive da terra ou do gado. Ele é professor da Universidade do Estado do Pará (Uepa) e uma das testemunhas oculares do processo recente de ocupação da Amazônia. Sua família saiu de Minas Gerais na década de 1960, em direção a Goiás, atrás das tão faladas terras devolutas. "Mas chegando lá, já não havia mais terra alguma", conta ele.

Depois de venderem o pouco que tinham, não havia mais para onde voltar. Por isso a família iniciou uma peregrinação pela região, que se transformaria no que é hoje o estado do Tocantins. Essa "aventura", como se refere Pereira aos caminhos que percorreu quando ainda era muito criança, os levou até o município paraense de Conceição do Araguaia, que hoje faz divisa com o Tocantins. Alacilândia, naquela época um vilarejo, hoje é um distrito da cidade e tem uma economia baseada na pecuária e na agricultura. Mas o caminho até encontrarem o solidário e devoto Zé Bimbinha foi cheio de detalhes que marcaram a infância do historiador. "Nossa mudança foi jogada no meio da estrada", relata ele, ao contar sobre a expulsão da família de uma das terras que ocuparam pelo caminho. Foi só em Alacilândia que ele, os pais e os mais de dez irmãos puderam, enfim, permanecer por um tempo no mesmo lugar.

Assim como a Festa do Divino e o nome de cerca de vinte cidades paraenses, as terras devolutas são uma herança portuguesa que carregamos até hoje. São terras públicas ainda sem destinação pela União, e nunca fizeram parte de um patrimônio particular — mesmo que estejam irregularmente sob posse de alguém, comumente chamado de posseiro. A família de Pereira, que saiu de Minas Gerais atrás dessas terras devolutas, ajuda a explicar como se deu a ocupação daquela região, uma história que tem origem ainda nas capitanias hereditárias.

Em 1534, d. João III mandou fatiar o Brasil em quinze lotes à direita do Tratado de Tordesilhas, do norte ao sul do país, distribuindo-os da maneira como bem entendeu. A única forma de conseguir um pedaço de terra no recém-colonizado Brasil era sendo amigo do rei. Ou, em última instância, amigo do amigo do rei. Neste caso, o processo ocorria por meio de uma carta de doação com a qual os donos das capitanias, chamados de capitães donatários, podiam doar parte das suas terras a quem quisessem.

Essas doações formavam o chamado regime de sesmarias e eram condicionadas à produtividade: para ganhar a terra era preciso produzir, o que se entendia por exercer a agricultura e a pecuária. Uma dinâmica bastante parecida com o que Zé Bimbinha ofereceu ao pai de Pereira mais de quatrocentos anos depois. Só que no Brasil recém-colonizado, se a terra ficasse improdutiva, era tomada de volta pela Coroa, que também revogava a carta de doação. E assim surgiram as primeiras terras devolutas: sesmarias improdutivas devolvidas à Coroa.

No território imenso do Brasil, ainda que na época dividido pela metade entre Portugal e Espanha, as capitanias hereditárias representavam um sem-fim de terras que ninguém queria perder. Temendo que a Coroa as tomasse de volta, os capitães donatários, responsáveis pela administração das propriedades, precisavam dar conta do seu aproveitamento, que ficava a cargo dos colonos. Por isso, acabavam concedendo várias sesmarias para as mesmas pessoas, muitas vezes da mesma família, concentrando grandes propriedades nas mãos de pouca gente.

Durante todo o regime colonial, entre 1500 e 1822, as sesmarias foram a principal forma de se adquirir terra legalmente. E aos poucos, o gado trazido pelos portugueses para uso na tração animal nos engenhos de açúcar começou a ser utilizado também para a expansão e a ocupação do território. Ainda assim, não era fácil ocupar tanta terra. Dificilmente a produção dava conta da vastidão de território, deixando as sesmarias à mercê da Coroa — que, da sua parte, preocupava-se em ocupar o país para não perdê-lo.

Como as monoculturas da época, em especial a do café e a da cana-de-açúcar, levavam o solo à exaustão, os colonos eram forçados a abandonar uma área e buscar novas terras no interior mesmo sem carta de doação, infringindo as regras e dando início à ocupação ilegal. Em paralelo a esse movimento, havia os menos abastados, que não tinham nenhuma influência e, portanto, não recebiam sesmaria alguma para trabalhar. A essas pessoas, restava ocupar as margens das grandes propriedades, longe dos núcleos de povoamento. Sem nenhuma carta de doação, a posse era seu único instrumento.

Nesse cenário de invasões e posses ilegais, a ocupação do território no final do século XIX no Brasil era caótica. Por isso, em julho de 1822, às vésperas da Independência, o Tribunal do Desembargo do Paço, controlado pela Coroa portuguesa, suspendeu a concessão de sesmarias — sem determinar, contudo, outra forma de aquisição legal de terras. Em vez de organizar a situação, a decisão da Coroa incentivou ainda mais a posse ilegal de terras, que se tornou a única maneira de expandir a ocupação do território naquele momento.[1] E o caos fundiário se acentuou.

Esse vácuo legal para a aquisição de terras no Brasil durou quase três décadas, até 18 de setembro de 1850, quando, depois de sete anos de debates e negociações no Congresso, a Lei de Terras foi promulgada. Considerada um marco jurídico importante na constituição de uma lei agrária no Brasil, a nova legislação determinou que, pela primeira vez, o acesso à terra passaria a ser realizado somente por meio da compra. "E tudo o que fugia dessa definição acabou sendo considerado expressão do atraso, da ignorância, das razões pelas quais o Brasil não se desenvolvia", me explicou o historiador e estudioso do tema Marcio Antônio Both da Silva.

O conceito de terras devolutas, aquelas que a família de Airton Pereira buscava, foi então expandido para qualquer território que não estivesse sob domínio particular ou que não tivesse um destino público. Ou seja, todas as terras não ocupadas oficialmente naquele momento tornaram-se terras devolutas. Isso significa que as terras do lado ocidental do Brasil, que na época do Tratado de Tordesilhas pertenciam à Espanha — ou seja, quase toda a região amazônica — passaram a ser também regidas pela política herdada das capitanias hereditárias.

Mas, ao mesmo tempo que a nova lei previa pena de prisão para quem invadisse terras públicas, também trazia a possibilidade de anistia para aqueles que já o haviam feito. Dessa forma, fazendeiros que haviam recebido sesmarias e não estavam cumprindo a exigência de cultivá-las, assim como posseiros que não tinham a escritura da terra, conseguiam regularizar sua situação. Era só ir até o vigário, responsável pelo registro das terras, e pagar uma taxa. Com isso o Estado pretendia que a regularização das terras particulares culminasse em identificação, demarcação e registro das terras devolutas.

Passado mais de um século e meio, isso até agora não aconteceu de fato.

A extensão do território e a ausência de um levantamento e mapeamento das terras foram algumas das razões para que a tentativa de regularização fundiária fracassasse já naquele momento. "Se você ler os relatórios do Ministério da Agricultura, Comércio e Obras Públicas, que era o responsável por fazer com que a lei valesse à época, vai chegar à conclusão de que essa lei não trouxe efeito quase nenhum", afirma Both. O que não significa, necessariamente, que a Lei de Terras tenha sido inútil. "Pensando a longo prazo, ela é uma das bases que definem a propriedade privada no Brasil", diz o pesquisador. "E é também uma das bases para que os conflitos agrários, que já existiam antes, adotassem novos formatos e continuem existindo ainda hoje."

De qualquer maneira, as invasões e ocupações tornaram-se ilegais com a nova legislação, que enfim dispôs sobre essas práticas, e quem não tivesse dinheiro para comprar ou regularizar seu próprio pedaço de chão não obteria o título de proprietário.

Depois desse marco que foi a Lei de Terras, pouca coisa foi feita durante a Primeira República (1889 a 1930) no âmbito da regularização fundiária,[2] e somente durante a Era Vargas, como ficou conhecido o período entre 1930 e 1945 comandado por Getúlio Vargas, a terra passou a ser vista como um mecanismo de transformação social. Ao menos no papel.

O "Esboço do Programa de Reconstrução Política e Social do Brasil", redigido por lideranças da Revolução de 1930, trouxe ideias de vanguarda em relação à reforma agrária. De acordo com o esboço, o Estado deveria se encarregar de reduzir ao mínimo todas as formas de latifúndio.[3] Terras improdutivas deveriam se transformar em núcleos coloniais, ao passo que haveria um estímulo às pequenas propriedades rurais com a transferência de terras cultiváveis. As terras devolutas ilegalmente ocupadas deveriam ser tomadas de volta pelo governo para a instalação de cooperativas.

O documento previa ainda o estabelecimento de um imposto rural progressivo — o que teria deixado em polvorosa o vespeiro da elite latifundiária brasileira. No entanto, com o fim do Governo Provisório, na primeira fase da Era Vargas (1930-4) os criadores do esboço, em sua maioria tenentes e outras lideranças, perderam protagonismo e o documento acabou desaparecendo. Restou uma semente que brotaria na Constituição de 1934, que foi elaborada sob influência daquelas ideias e estabeleceu que o direito à propriedade não poderia ser exercido contra o interesse social ou coletivo — não era mais um direito absoluto, como havia estabelecido a Constituição Imperial de 1824. Nessa época, também surgiram os primeiros códigos para regulamentar a exploração e a preservação de recursos naturais: o Código Florestal brasileiro (1934), um conjunto de normas inédito até então; o de Águas, no mesmo ano; e o de Minas, seis anos mais tarde. Ali foram determinadas diversas regras que até hoje servem de base para nortear o uso e a ocupação da terra no Brasil, especialmente em regiões de floresta, como a Amazônia.

O mundo passava pela Segunda Guerra Mundial e mais do que nunca o Brasil precisava expandir as fronteiras agrícolas e ocupar o território. Obviamente, a região amazônica não era uma terra desocupada — apesar do que diziam os parâmetros desenvolvimentistas eurocêntricos. Há registros de povos na região há mais de doze mil anos, me contou Marina Hirota, uma matemática com doutorado em meteorologia que hoje realiza pesquisas sobre a Floresta Amazônica. "Santarém [no Pará], por exemplo, é uma grande cidade amazônica do passado. Você tropeça em sítios arqueológicos."

Apesar da existência evidente dos povos que habitavam o interior do país, a influência externa durante a Segunda Guerra impulsionou os planos de Getúlio Vargas para ocupar a região por meio da Marcha para o Oeste, com o mesmo nome do movimento que ocorrera mais de um século antes nos Estados Unidos. A essência também era a mesma: ocupar e expandir o território.

Em 1943, com o objetivo de "desbravar e colonizar as zonas compreendidas nos altos rios Araguaia, Xingu e no Brasil Central e Ocidental", Vargas expediu um decreto instituindo a Fundação Brasil Central. Era a consolidação de um plano audacioso que previa ocupar o território, expandir a agricultura e integrar as regiões Centro-Oeste e Norte do Brasil por meio de um conjunto de ações. Uma delas era a criação de colônias agrícolas em terras devolutas, que deveriam ser direcionadas a cidadãos pobres e com aptidão para a agricultura, exatamente o perfil da família de Airton Pereira. Esses agricultores deveriam se organizar em cooperativas de produção, venda e consumo que seriam responsáveis por abastecer as capitais do Norte e todo o Sudeste. Ficou determinado também que a concessão de terras não poderia ultrapassar 2 mil hectares, inclusive para empresas. Uma ideia revolucionária diante de um país de latifundiários, especialmente porque permitia a revisão de concessões já existentes. A reação dos pecuaristas, que necessitavam de extensas áreas para a criação de gado, foi imediata — mas logo instituiu-se uma exceção para a indústria extrativista e a pecuária.

O plano previa também obras de infraestrutura, como estradas, aeroportos, escolas e hospitais, que dariam suporte às cidades que estavam sendo construídas. E assim a expedição Roncador-Xingu foi lançada, com o intuito de mapear a região central do Brasil e abrir caminhos. Seu nome era uma referência à área que seria "desbravada": a Serra do Roncador, o ponto mais central do Brasil, localizada em Mato Grosso, entre os rios das Mortes e o Araguaia, a leste, e o Xingu e o Kuluene, a oeste.

Os irmãos Orlando, Cláudio e Leonardo Villas Bôas foram protagonistas da expedição, que se estendeu por quase toda a década de 1940 e deixou um legado de dezenas de cidades fundadas. Entre elas Barra do Garças, onde décadas depois eu conheceria o indígena Geraldo Alckmin. O município fica próxima ao Parque Indígena do Xingu, idealizado pelos irmãos Villas Bôas e criado em 1961, tornando-se posteriormente a primeira terra indígena demarcada do Brasil.

Os estados do Amapá, de Roraima e de Rondônia, estes últimos batizados a princípio como Rio Branco e Guaporé, respectivamente, também foram fundados na época da expedição. O deslocamento populacional e a ocupação da região Norte do país caminhavam a todo vapor quando outro movimento surgiu para colocar ainda mais lenha nessa fornalha: uma onda migratória partindo especialmente de estados da região Nordeste, formada pelo que ficou conhecido como os "soldados da borracha".

Milhares de trabalhadores foram alistados e transportados para a Amazônia entre 1943 e 1945 para trabalhar nos seringais e abastecer a indústria bélica dos Estados Unidos durante a Segunda Guerra Mundial. A promessa era de que, finda a missão, eles poderiam voltar para casa. Mas isso nunca aconteceu. Calcula-se que cerca de 60 mil pessoas tenham ido trabalhar nos seringais, a maioria no Acre. Aqueles que não morreram de alguma doença típica da região, como malária, tiveram que recomeçar a vida ali mesmo, já que o governo não providenciou o retorno prometido.

Anos mais tarde, eles seriam reconhecidos como combatentes da Segunda Guerra Mundial e teriam direito a receber pensão vitalícia assim como os demais militares brasileiros. Em 2014, o Congresso aprovou uma indenização de 25 mil reais aos cerca de 12 mil trabalhadores que ainda estavam vivos.

Todas essas histórias, das capitanias hereditárias aos soldados da borracha, das vidas perdidas em busca do sonho de um pedaço de terra à ganância da expansão territorial e a prepotência do discurso branco europeu segundo o qual as regiões Norte e Centro-Oeste eram desabitadas, compõem o percurso de ocupação da Amazônia. Naquele "vazio populacional" existiam indígenas, ribeirinhos, posseiros, garimpeiros, fazendeiros e, consequentemente, gado bovino, que na década de 1940 já somava 34 milhões de cabeças em todo o país.[4] E a verdade é que essa trajetória expansionista sempre foi permeada pelos conflitos pela terra.

Logo depois do fim da expedição dos irmãos Villas Bôas, em 1946, foi promulgada uma nova Constituição que atrelou o direito de propriedade ao bem-estar social e instituiu que a lei poderia promover a justa distribuição de terras. A desapropriação passou a ser permitida em duas modalidades: utilidade pública ou interesse social. Mas para isso era necessária prévia e justa indenização em dinheiro, além de vontade política para a implementação de projetos, o que, por fim, inviabilizou a realização de reformas sociais por meio da terra.

Em paralelo ao avanço das palavras da Constituição, o debate sobre o direito à terra começou a acontecer entre aqueles que estavam com os pés fincados nela, e não só dentro de gabinetes do Congresso. Na esteira de movimentos como a Guerra de Canudos (1896-7) e do Contestado (1912-6), que tinham a terra como objeto central, em 1945 surgiram as Ligas Camponesas, pelas mãos de sem-terras e pequenos agricultores familiares e por meio do Partido Comunista do Brasil (PCdoB). No entanto, esses atores não foram convocados para compor o grupo de trabalho criado para elaborar uma nova legislação agrária no breve governo de Jânio Quadros, que durou menos que o ano de 1961.

O material produzido pelo grupo — composto de representantes da Conferência Nacional dos Bispos do Brasil (CNBB), do Instituto Nacional de Imigração e Colonização (Inic), do Ministério da Agricultura, da Associação Brasileira de Associações Rurais, da Confederação Rural Brasileira e da União Democrática Nacional (UDN) — serviu de base para a criação do Estatuto da Terra, promulgado logo depois do golpe militar.

A aventura vivida por Airton Pereira ao lado dos pais e irmãos se deveu a essa dificuldade do Estado brasileiro em regularizar as terras e viabilizar seu acesso àqueles que não eram "amigos do rei".

Mas seria somente na ditadura militar que os planos do governo, elaborados e executados pelos generais, exerceriam influência direta sobre a família do historiador — e de tantos outros brasileiros. Desde o trabalho do pai de Pereira em grandes fazendas abrindo o pasto para os bois, passando pela mudança da família abandonada no meio da estrada e as tentativas de aquisição de terras devolutas, o que eles viveram faz parte da causa e da consequência de uma história muito maior, que não termina com as celebrações do Divino.

Passada a festa, os Pereira se fixaram em Conceição do Araguaia. A região, que já era foco de atenção desde a Marcha para o Oeste, seguia sob os holofotes devido ao lançamento de mais um plano de ocupação, a Operação Amazônia (1966), sob o governo do general Humberto Castelo Branco. Novamente, iniciou-se uma série de obras de infraestrutura e aberturas de estradas, promulgação de decretos e criação de superintendências, bancos e políticas de fomento ao investimento na região para concretizar um plano que promovesse "o progresso de novas áreas e a ocupação de espaços vazios, e a integração do desenvolvimento do Nordeste com a estratégia de ocupação da Amazônia".[5] Na mesma década, a Guerrilha do Araguaia (1967-75) levou dezenas de guerrilheiros à região e, a reboque, centenas de militares.

Foi também Castelo Branco que, em 30 de novembro de 1964, promulgou o Estatuto da Terra, nascido daquele material produzido no governo de Jânio Quadros.

O decreto obrigava o Estado a garantir o direito e o acesso à terra para quem nela vivia e trabalhava, condicionando o exercício do direito de propriedade à sua função social. Estabelecia ainda a definição de reforma agrária, além de termos como "latifúndio", "minifúndio" e "módulo rural". Também definia dois instrumentos que poderiam servir de promoção para a reforma agrária, mas na prática não o fizeram: a desapropriação do latifúndio improdutivo e a tributação progressiva da terra. Até hoje, mais de cinquenta anos depois, o Estatuto da Terra é a principal lei que regulamenta o uso, a ocupação e as relações fundiárias do país, tendo sido posteriormente inserido na Constituição de 1988.

Em seu ímpeto soberanista, o regime militar impulsionou políticas voltadas à proteção do território por meio da ocupação e da integração das diferentes regiões do país. Foi nesse contexto que, em 16 de junho de 1970, o general Emílio Médici instituiu o Programa de Integração Nacional (PIN), com o objetivo de conectar as regiões Norte e Nordeste ao restante do Brasil.

Para isso, determinou a construção imediata das rodovias Cuiabá-Santarém e Transamazônica, além da criação de uma faixa de dez quilômetros de cada lado ao longo dessas vias, destinada à reforma agrária. Os recursos para o programa vieram, principalmente, de uma mudança na arrecadação do imposto de renda: entre 1971 e 1974, 30% do imposto recolhido foi automaticamente direcionado ao PIN. Sob os lemas "integrar para não entregar" e "terras sem homens para homens sem terras", mais uma vez a ideia equivocada de um vazio demográfico foi imposta sobre uma região que, à época do primeiro contato europeu, calcula-se que abrigava cerca de 3 milhões de habitantes.[6]

Além disso, embora regido pelo nacionalismo e protecionismo, o plano previa ocupar o país a qualquer custo, e, sem reconhecer os povos que já habitavam a região, o rolo compressor dos generais passou por cima de milhares de indígenas. Um calhamaço de mais de 7 mil páginas, conhecido como Relatório Figueiredo, documentou crimes de genocídio contra povos indígenas durante a ditadura militar, incluindo assassinatos em massa, torturas e guerras bacteriológicas e químicas, além da prática de escravidão e abuso sexual.

Produzido pelo procurador da República Jader de Figueiredo Correia, o relatório sumiu misteriosamente durante décadas e só foi encontrado novamente em 2013. O documento foi analisado pela Comissão Nacional da Verdade, encarregada de investigar as violações de direitos humanos que ocorreram durante a ditadura. Provou-se que o caráter nacionalista do PIN, que levou à construção de milhares de quilômetros de rodovias, não respeitou as singularidades de uma nação tão diversa.

É no mínimo curioso pensar que, de um plano tão grandioso como o PIN, poucos arquivos oficiais eram abertos ao público. Em maio de 2024, por meio da Lei de Acesso à Informação, requisitei ao Instituto Nacional de Colonização e Reforma Agrária (Incra), ao Comando do Exército e à Superintendência do Desenvolvimento da Amazônia (Sudam), toda e qualquer documentação referente ao PIN e à Operação Amazônia. Em resposta, apenas a Sudam afirmou ter alguma coisa: determinados livros, teses e estudos que — em parte, porque nem tudo foi digitalizado — podem ser livremente acessados na biblioteca online da instituição. A biblioteca física, no momento da minha pesquisa, estava fechada para reforma. O Exército e o Incra, este criado em 1970 com a missão de realizar a reforma agrária, regularizar comunidades quilombolas, gerir terras públicas e manter o cadastro de imóveis rurais, afirmaram não possuir nenhum documento referente ao período.

Seguindo o plano militar de urbanização, o bairro Nova Marabá, onde hoje Airton Pereira vive e me recebeu para contar a sua história, foi construído na mesma época que o Incra foi criado. A fundação do novo bairro, às margens da rodovia Transamazônica, teve o intuito de urbanizar um local afastado das influências e dos perigos das enchentes dos rios, neste caso o Tocantins e o Itacaiúnas.[7] Isso estabeleceu uma nova dinâmica para diversos municípios da região. "Até então, as cidades surgiam nas margens dos rios", diz Pereira. "Mas, quando se abre uma estrada, a frente da cidade muda e passa a ser voltada para as rodovias, dando uma outra cara para o município."

Diversos estudos já demonstraram o impacto socioambiental que a abertura de estradas causa na floresta. Em 2014 a revista científica *Biological Conservation* publicou um levantamento mostrando que 95% do desmatamento acumulado na Amazônia se concentra em um raio de até 5,5 quilômetros quadrados das estradas da região.[8]

Nesse sentido, a publicidade das construtoras responsáveis por cimentar a floresta para realizar os planos militares de ocupação da região parecia até um prenúncio do que estava por vir: "Para unir os brasileiros, nós rasgamos o inferno verde", dizia um cartaz da construtora Andrade Gutierrez publicado na edição especial "Amazônia" da *Revista Realidade*, de 1972.[9] E as campanhas promovidas pelo governo completavam o cenário. "Toque sua boiada para o maior pasto do mundo. Na Amazônia a terra é barata e sua fazenda pode ter todo o pasto que os bois precisam", incentivava uma propaganda da Sudam de 1972.

Embora os registros históricos apontem para a presença de bois e búfalos na região desde o início do século XX, o gado foi, e ainda é, uma das maneiras mais eficientes de ocupar o solo amazônico. "O desenvolvimento da Amazônia foi todo pautado na grande propriedade para criar gado", afirmou Airton Pereira. "E muitos trabalhadores que vêm para esta região para ocupar as terras devolutas chegam ou já aliciados no Nordeste para trabalhar na abertura dessas fazendas, ou para se aventurar a ser peão nessas propriedades."

A ditadura espalhou muita gente pela Amazônia, mas ainda mais bois. Muito mais. Entre 1960 e 1980, o rebanho bovino brasileiro mais que dobrou, saltando de 56 milhões de cabeças para 118 milhões. O crescimento é maior do que o da população brasileira no mesmo período: em 1960, eram 70 milhões de habitantes e, vinte anos mais tarde, 119 milhões.

Hoje, quase metade (44%) do rebanho bovino brasileiro está em algum dos nove estados que compreendem a Amazônia Legal:[10] Acre, Amapá, Amazonas, Pará, Rondônia, Roraima, Tocantins, Mato Grosso e parte do Maranhão, correspondendo a quase 60% do território brasileiro. Muitas vezes, o gado é utilizado para ocupar uma área que primeiro foi desmatada, teve sua madeira vendida ilegalmente, e depois foi grilada, em um modus operandi que há décadas se espalha pela região. A lógica é "onde tem boi, tem dono". E a cerca é o documento de posse. Esse formato de ocupação, atrelado à mistura de incentivos para a posse, resultou nas cores que compõem hoje a região: dos olhos azuis das crianças filhas de imigrantes do Sul aos pontos brancos que são os bois espalhados no pasto, passando pelo cinza das estradas que rasgaram a mata para sustentar "o progresso". Do verde-bandeira mesmo, tem sobrado pouco.

A composição do território brasileiro, moldada por esse histórico de concentração de imensas áreas nas mãos de poucas pessoas, é até hoje um modelo de negócio. Quase metade (45%) de toda a área produtiva do Brasil está concentrada em menos de 1% das propriedades. Para ser mais precisa, 0,91% das propriedades rurais são tão grandes que abocanham quase metade da área rural do país, segundo um relatório da ONG internacional Oxfam.[11]

Ao longo da história, ainda que novas leis e mesmo Constituições tenham surgido, o processo de ocupação do território foi sempre conduzido em uma direção única e subjugando uma parcela específica da população. Com a democratização, a Constituição atual foi promulgada e reconheceu pela primeira vez os territórios quilombolas e os direitos originários dos indígenas sobre as terras por eles tradicionalmente ocupadas. A dificuldade em implementar tais direitos, no entanto, segue a mesma, ainda mais se consideradas as sucessivas ameaças do Congresso por meio de emendas que colocam em xeque esses direitos assegurados constitucionalmente.

Como vimos neste capítulo, desde a colonização até hoje, a morosidade e as dificuldades do Estado brasileiro para resolver a organização de suas terras são o ponto nevrálgico de qualquer plano de combate ao desmatamento ilegal, grilagem de terras e garimpo ilegal, problemas difundidos na região. Para se ter uma ideia, a Amazônia possui uma área do tamanho da Bahia — o quinto maior estado brasileiro em extensão — de florestas públicas sem destinação. São áreas da União ou dos estados que ainda não foram transformadas em unidades de conservação, terras indígenas ou quilombolas, nem transferidas para fins privados por meio de processos de regularização fundiária. "Sem dono", essas terras se tornaram alvo fácil para ocupação desregular, desmatamento ilegal e fogo. Calcula-se que cerca de 61% delas estão hoje registradas como áreas privadas.[12]

Essas florestas públicas estão espalhadas pelos estados da Amazônia Legal. No Pará, no entanto, há uma grande concentração nas regiões de São Félix do Xingu, Santarém, Altamira e às margens da BR-163. Símbolo da degradação florestal da região e inaugurada pelos militares em 1976 como parte da Operação Amazônia, essa rodovia cruza o Brasil e liga a cidade de Tenente Portela (RS) a Santarém (PA). Hoje, é uma das principais vias de escoamento da soja produzida em Mato Grosso, ao mesmo tempo que atravessa um dos corredores ecológicos mais importantes da Amazônia. Entre Mato Grosso e Pará, a estrada é margeada pelos territórios indígenas Baú, Kayapó, Mekrãgoti, Panará e Munduruku.

Com um mapa em mãos, seguindo a BR-163, o nome das cidades que margeiam a rodovia parece uma ironia diante do cenário conflituoso da região: Castelo dos Sonhos, Porto Esperança, Sorriso, Luar da Praia, Novo Mundo e Alvorada da Amazônia são alguns dos municípios no trecho mais crítico de desmatamento e violência. A rodovia também passa por Novo Progresso, no Pará, uma das dez cidades que mais desmataram entre 2019 e 2024, de acordo com monitoramento do MapBiomas. Recentemente, o município foi palco de operações da Polícia Federal para coibir o desmatamento ilegal e a grilagem de terras.[13] Em uma dessas operações, deflagrada em 2014, Ezequiel Antônio Castanha foi preso acusado de liderar uma quadrilha que invadia terras públicas para grilagem. Com prejuízos ambientais calculados em mais de 500 milhões de reais pelos investigadores, na época Castanha foi chamado pela Polícia Federal de "o maior desmatador individual da Amazônia".[14]

Dois anos mais tarde, outra operação, também em Novo Progresso, prendeu Antônio José Junqueira Vilela Filho. Conhecido como AJ, ou Jotinha, ele foi acusado de liderar um grupo que convertia florestas em pastagens. De acordo com a Polícia Federal, os crimes eram praticados por meio da utilização de mão de obra análoga à escravidão. Consolidadas as pastagens, os terrenos eram registrados em cadastros ambientais rurais oficiais em nome de laranjas.[15]

Segundo o Ibama, até 2016, Vilela Filho foi penalizado com as multas ambientais de maior valor já aplicadas na Amazônia brasileira: 119,8 milhões de reais em dez autos de infração. Também em Novo Progresso ocorreu, em 2023, a detenção de Bruno Heller, o segundo "maior desmatador da Amazônia", de acordo com a Polícia Federal.[16] Heller era acusado de invadir e desmatar terras, um crime que não leva à prisão, mas foi encontrado com ouro sem origem declarada e, por isso, acabou detido. Enquanto escrevo este livro, nenhum deles foi julgado ou condenado.

É ainda em Novo Progresso que vive um dos irmãos de Airton Pereira. Espalhados especialmente pelo sudoeste do Pará, outros três irmãos estão em São Félix do Xingu. A quase trezentos quilômetros de São Félix, no município de Rio Maria, vive a mãe de Airton, com um dos filhos. A única irmã mora em Mato Grosso. Em Conceição do Araguaia, onde Airton cresceu e se criou, restou apenas um dos irmãos.

Os conflitos pela terra, que ocorrem desde que o Brasil foi colonizado devido à distribuição vinculada à elite e às relações com a realeza, passando por algumas tentativas frustradas de regulamentar o uso e a ocupação de um solo tão extenso, nos trouxeram até aqui. A família de Airton Pereira é uma das tantas que percorreu quilômetros em busca dos lotes devolvidos à Coroa séculos atrás, e que até hoje não foram totalmente destinados. Na história da ocupação do Brasil, o boi foi e ainda é um dos protagonistas, espalhado como forma de dizer que o terreno tem dono. Antes da boiada, passaram os correntões — correntes grossas presas a dois tratores que arrastam a vegetação — para desmatar a área, as cerras elétricas que levaram a madeira para a venda ilegal e o papel grilado que garantiu a posse.

Para a família de Airton, a festa organizada por Zé Bimbinha traçou o destino de todos eles. Nenhum se tornou grande proprietário rural ou produtor. Da herança portuguesa, ficou a devoção: o pai, hoje falecido, passou anos sendo o porta-bandeira das celebrações do Divino, que hoje ocorrem na casa de um dos filhos que estavam lá naquela noite. Coube a Airton Pereira, que havia ficado com a mãe e os irmãos em Alacilândia esperando pelo retorno do pai, contar-nos essa história. Os detalhes pessoais ele dividiu gentilmente comigo durante uma entrevista em uma das manhãs quentes de Marabá. As informações históricas podem ser encontradas no livro que ele lançou em 2015: *Do posseiro ao sem-terra: A luta pela terra no sul e sudeste do Pará*.[17]

2.
“Da viúva é mais barato”

Viagem a São Félix do Xingu, o curral do Brasil

No fim de 2023, um item bastante peculiar virou febre no Brasil. Naquele verão, copos térmicos da Stanley, uma marca americana centenária, ganhou lugar nos escritórios, nas mãos de universitários e até nas mesas de bares. No ano mais quente da história do planeta (até a chegada do ano seguinte), ninguém queria que seu drinque esquentasse. Foi assim que passamos a beber cerveja em copo térmico achando tudo muito natural.

Os recordes de temperatura registrados ao redor do globo ocorreram por uma combinação do fenômeno El Niño com os efeitos das mudanças climáticas. E os impactos causados por aquele calor surgiram de diferentes formas ao longo do ano seguinte. Diversos estados do país foram assolados por uma epidemia inédita de dengue, que os cientistas rapidamente relacionaram às altas temperaturas. Os biomas Amazônia, Pantanal e Cerrado viraram verdadeiros barris de pólvora devido à seca e passaram meses a fio sendo consumidos por incêndios florestais.

Foi em meio aos recordes de temperatura que eu viajei à Amazônia em busca de informações e histórias que pudessem demonstrar, na prática, os efeitos de tudo que narrei no capítulo anterior. Para isso, fui até São Félix do Xingu, no sudoeste do Pará, município que há mais de uma década abriga a maior concentração de gado do país e é um símbolo quando o assunto é pecuária na Amazônia. Tomei cuidado para evitar o período de chuvas, que normalmente se estende até março, sem saber que aquele seria também o ano mais seco da história em dezenas de cidades amazônicas.

Apesar do calor, não me rendi ao copo Stanley. A garrafa de água, no entanto, era um item essencial, assim como alguns pacotes de M&M's de amendoim, que dão energia e não derretem no calor. Me abasteci de alguns deles e parti para Belo Horizonte, de onde pegaria outro avião até Marabá, a cerca de quinhentos quilômetros de Belém. Meu destino seguinte, São Félix do Xingu, fica mais quinhentos quilômetros adiante.

Cerca de 2,5 milhões de bois estão espalhados pela área do município.[1] Para se ter uma ideia do que isso representa, somente três cidades brasileiras registraram população maior que o rebanho total de São Félix do Xingu, segundo o censo demográfico de 2022: São Paulo (11,4 milhões de pessoas), Rio de Janeiro (6,2 milhões) e Brasília (2,8 milhões).

Além de ter o maior rebanho bovino do país, São Félix do Xingu detém outro recorde: os territórios indígenas ao redor da cidade estão entre as áreas protegidas mais desmatadas dos últimos anos. Ao sul, está a TI Kayapó, que vem sendo afetada pelo garimpo ilegal de ouro; ao norte, a Apyterewa, território dos parakanãs; ao leste fica o território dos xikrin do cateté; e ao oeste encontra-se a Área de Preservação Ambiental (APA) Triunfo do Xingu. Depois de passar por São Félix, minha viagem seguiria floresta adentro, chegando à APA Triunfo.

Ainda em São Paulo, contatei Júnior, um rapaz troncudo que nasceu no Maranhão, mas já mora no Pará há tempo suficiente para conhecer bem a região. Ele me guiaria por lá, junto ao fotógrafo Fernando Martinho, que topou embarcar comigo. Cruzar todo o trecho sozinha nunca foi uma opção, especialmente por estar investigando irregularidades na cadeia de carne, setor de fazendeiros poderosos e frigoríficos milionários.

Júnior conhece as estradas, as pessoas e as histórias dos lugares por onde andamos como a palma da mão. Consegui seu contato com meus colegas da *Repórter Brasil*, onde trabalhei como repórter investigativa por dois anos. Foi com uma reportagem que fizemos lá, relatando quem eram dez dos maiores pecuaristas do país e onde estavam, que levamos o Prêmio Gabo em 2023.[2]

Cheguei em Marabá um pouco tarde da noite, peguei o carro na locadora e dirigi pela Transamazônica, sozinha, até o hotel. Júnior e Fernando me encontrariam somente no dia seguinte. Por figurar entre as regiões mais violentas do país,[3] Marabá já ganhou o triste apelido de "Marabala". Mas nem sempre foi assim. A cidade foi o centro do chamado "polígono dos castanhais", ganhando maior protagonismo no fim do ciclo da borracha, em meados do século passado, quando as castanhas produzidas ali ajudaram na manutenção das exportações brasileiras. Hoje, pouco restou dessa fartura. Os planos de ocupação da Amazônia que relatei no capítulo anterior, aliados aos históricos incentivos do governo para a pecuária, derrubaram centenas de castanheiras. A paisagem, antes formada por imensas árvores, transformou-se em pasto para o gado espalhado pelas intermediações do município, que figura em terceiro lugar entre aqueles com os maiores rebanhos bovinos do país, atrás somente de Corumbá (MS) e São Félix do Xingu.[4] Entre 2012 e 2022, o rebanho de Marabá cresceu 141% — o crescimento mais acelerado das cidades com os maiores rebanhos bovinos, segundo dados do Instituto Brasileiro de Geografia e Estatística (IBGE). Já a quantidade de habitantes aumentou míseros 14% no mesmo período.

Cruzando a cidade de noite em direção ao hotel, passei pela Nova Marabá, como é conhecido o núcleo urbano construído às margens da Transamazônica e cujo mapa preserva a referência das árvores que já fizeram parte do município. Projetado pelo arquiteto e urbanista paulista Joaquim Guedes na década de 1970, sua inspiração estética foram as castanheiras:

os troncos seriam os grandes eixos periféricos, de onde sairiam as folhas, como são chamados os bairros, seguidas de números: Folha 1, Folha 2 e por aí vai. No papel, o projeto ainda previa uma expansão organizada, mantendo áreas de preservação, mas o crescimento desordenado da cidade fez com que o plano inicial fosse desvirtuado,[5] e outras centenas de castanheiras foram derrubadas.

Além das castanheiras restantes, meu roteiro também atravessava o que já foi a maior concentração de mogno do país, uma das madeiras mais nobres do mundo. A madeira castanha-avermelhada de grande densidade foi incluída em 2002 na lista da Convenção sobre Comércio Internacional das Espécies da Flora e Fauna Selvagens em Perigo de Extinção (Cites, na sigla em inglês), que tenta evitar a extinção pela ameaça do comércio internacional. O mogno brasileiro é uma das mais de 32 mil espécies de plantas que, junto às quase 6 mil espécies de animais, são protegidas pela Cites. O "ouro verde", um clichê local, é mais uma riqueza que cedeu lugar aos pastos, mas ainda o vi muito pela Transamazônica.

A construção dessa estrada, como de todas as rodovias que atravessam a Amazônia, foi um marco na história da ocupação do território. Também chamada de BR-230, a rodovia parte de Cabedelo, na Paraíba, e termina em Lábrea, no Amazonas. Para sua construção, realizada sob o comando do general Emílio Médici, foi providenciada a vinda de milhares de colonos, especialmente do Nordeste. Eles se espalharam em assentamentos às margens da rodovia, abrindo pequenas estradas de terra, chamadas de "ramais", para acessar os vilarejos. Esses ramais também passaram a ser abertos a partir de outras estradas principais para acessar garimpos e explorações de madeira ilegais e deram origem ao modelo de desmatamento que perdura até hoje em toda a região, denominado "espinha de peixe" devido ao seu formato visto de cima.

Para além do asfalto que rasga a Amazônia, a construção da rodovia deixou um legado de massacres e desmatamento. Foi na cidade paraense de Anapu, um dos mais de sessenta municípios por onde a estrada passa, que a missionária americana Dorothy Stang foi assassinada em 2005. Irmã Dorothy, como era conhecida, ajudou a fundar a primeira escola de formação de professores na Transamazônica e recebeu reconhecimentos nacionais e internacionais por seu trabalho em favor do meio ambiente e dos menos favorecidos. Meu roteiro era todo permeado por histórias violentas como a dela.

Depois do meu percurso solitário na Transamazônica, chego ao hotel e durmo sem comer — o dia seguinte seria longo. Pela manhã, encontro Júnior e Fernando no saguão. A depender do lugar para onde vou, ter na mão água fresca e filtrada vale tanto quanto encontrar uma boa história no caminho. Eu não tinha essa consciência — ou seria maturidade? — quando viajei de barco de Manaus até Belém, e acabei bebendo a água do bebedouro mesmo, o que, suspeito, foi a grande responsável pela minha virose ao chegar em Belém. Mas agora, algumas viroses depois, saio com a minha garrafa de água e os M&M's na mochila. Vamos atrás das histórias que permeiam a ocupação e o avanço da pecuária pela Amazônia. Nossa viagem enfim começa.

O trecho curto que pegamos da Transamazônica é o suficiente para sair dos arredores de Marabá e cair na BR-155, que leva ao município de Redenção, cuja economia é baseada na pecuária, mas que vem sendo invadido pela soja do norte de Mato Grosso nos últimos anos. Esse, por sinal, é um movimento comum na cadeia do desmatamento: o avanço das monoculturas — em especial da soja e do milho vindos do Centro-Oeste — empurra a pecuária para a única direção que lhe resta: o interior da floresta. "O gado, por sua vez, interioriza a exploração da madeira, que interioriza o garimpo", me explicou Bruno Malheiro, escritor e professor da Universidade Federal do Sul e Sudeste do Pará (Unifesspa) e especialista na região. A violência e a destruição do meio ambiente que caracterizam esse movimento são chamadas pelo professor de "consórcio de morte na Amazônia".

Mas, nesse dia, a gente não chega a Redenção. Nossa primeira parada é cerca de 240 quilômetros antes, em Xinguara, praticamente a metade do caminho entre Marabá e São Félix do Xingu. A estrada que nos leva até ali passa no meio de muitos municípios e a cada trecho urbano revela uma paisagem parecida a cada novo trecho urbano, com açougues, lojas de equipamentos para garimpo, igrejas evangélicas, sedes da maçonaria, escritórios de advocacia e clubes de tiro dividindo o espaço nas avenidas principais. Saindo das cidades, a rodovia segue cortando pastos.

Além da paisagem, a tensão histórica causada pelos conflitos vividos na região marca muitos pontos da viagem. Logo no início, passamos pela "Curva do S", chamada assim pelo seu formato visto no mapa. Foi ali que aconteceu o massacre de Eldorado dos Carajás, em 17 de abril de 1996, quando 21 sem-terra foram mortos e dezenas ficaram feridos depois de uma ação de repressão da Polícia Militar do Pará. A chacina ocorreu durante uma passeata realizada por cerca de 2 mil pessoas do Movimento dos Trabalhadores Rurais Sem Terra (MST), que marchariam por mais de seiscentos quilômetros, partindo de Curionópolis em direção a Belém,[6] para reivindicar a desapropriação da Fazenda Macaxeira, que já estava sendo ocupada pelo movimento.

Hoje, a "Curva do S" tem uma pequena Casa de Memória, com paredes pintadas de vermelho e portas que estavam trancadas. Pelo vidro das portas, pude ver as imensas fotos em preto e branco feitas pelo fotógrafo Sebastião Salgado durante o enterro dos trabalhadores assassinados, que ficam expostas no local. Ao fundo, um painel com imagens que rememoram o dia do massacre foi pintado de fora a fora na parede, com traços que lembram quadros de Candido Portinari. A Casa de Memória foi construída depois que o arquiteto Oscar Niemeyer projetou e doou o Monumento Eldorado Memória, inaugurado em Marabá poucos meses depois da chacina, em setembro de 1996. Com cerca de quatro metros de altura, a obra imitava um rastelo segurado por uma mão e dividido por um par de olhos. Levava os dizeres “a terra também é nossa”, a data do massacre e os nomes das vítimas. Quinze dias depois da inauguração, o monumento foi destruído e nunca mais reerguido. A chacina é um marco na história do MST e na luta pela reforma agrária, e a data do massacre, 17 de abril, transformou-se no Dia Nacional de Luta pela Reforma Agrária. Durante todo o mês de abril, o movimento realiza, anualmente, a Jornada Nacional de Luta em Defesa da Reforma Agrária.

A chacina de Eldorado dos Carajás é simbólica por ter sido a maior ocorrida na região. Dos mais de cem policiais envolvidos, apenas os comandantes da operação, o coronel Mario Colares Pantoja e o major José Maria Pereira de Oliveira, foram responsabilizados. Ainda assim, manobras jurídicas e anulações de julgamentos fizeram com que só fossem condenados seis anos depois do massacre, em 2002. Juntas, as penas somaram mais de quatrocentos anos de prisão em regime fechado, mas, devido a recursos movidos pela defesa, eles só foram presos dez anos depois. Pantoja ficou quatro anos na cadeia, cumprindo o restante da pena em prisão domiciliar alegando problemas de saúde. Morreu em novembro de 2020 por complicações de covid-19. Já o major Oliveira, depois de seis anos em regime fechado, cumpre pena em casa desde 2018.

Embora esse evento tenha sido o mais simbólico, não foi o único massacre ocorrido na região. Se eu continuasse descendo a BR-155 no sentido de Mato Grosso, chegaria em Pau D’Arco, onde, em 2017, a polícia assassinou dez trabalhadores sem-terra que ocupavam a Fazenda Santa Lúcia. Quatro anos mais tarde, a principal testemunha do massacre, e um dos poucos sobreviventes, também foi brutalmente assassinada. Enquanto os dezesseis policiais civis e militares réus por homicídio respondiam em liberdade, a única pessoa presa foi o advogado das vítimas, José Vargas Júnior, acusado de envolvimento no assassinato de Cícero José Rodrigues de Sousa, um candidato a vereador no município de Redenção. Vargas tinha contra si um áudio de WhatsApp enviado a um amigo em que fazia uma piada com a morte. Ainda assim, o advogado ficou 25 dias preso em regime fechado e mais um ano em regime domiciliar, como me contou a jornalista Ana Aranha, diretora de um documentário sobre o massacre. Já as investigações de Pau D'Arco foram encerradas em 2022 sem que nenhum mandante fosse apontado.

Pau D'Arco foi uma das cinco matanças rurais que ocorreram em 2017 no Brasil. Nesse ano, 71 pessoas foram assassinadas no campo e mais de 1400 conflitos ocorreram.[7] Em um contexto tão violento, o sul e o sudoeste do Pará, onde se desenrolaria o roteiro da minha viagem, se destacam. "Esta é a região com o maior número de assassinatos de trabalhadores no campo, trabalho escravo, chacinas, massacres e assassinatos de lideranças camponesas em todo o país", resumiu o advogado da Comissão Pastoral da Terra (CPT) em Marabá, José Batista Gonçalves Afonso.

Batista, como é conhecido, é um sujeito baixinho e de voz mansa. Saiu do Vale do Jequitinhonha, em Minas Gerais, ainda pequeno, no início dos anos 1970. A família buscava melhores condições de vida. "Se hoje o Jequitinhonha ainda vive uma situação de pobreza, imagina naquela época", diz. Sua história é muito parecida com a da imensa maioria que vive por ali e semelhante à de Airton Pereira, apresentada no capítulo anterior. Enquanto conversava comigo, no quintal de sua casa em Marabá, ele contabilizava números que já sabia de cabeça. De acordo com ele, somente na região de São Félix do Xingu foram registrados — "registrados, veja bem", frisa Batista — 85 assassinatos da década de 1980 até hoje. E, ainda segundo ele, nenhum dos crimes teve seu mandante preso. "A impunidade ali é de 100%", disse. É para lá que seguimos viagem.

Mas ainda estamos na metade do caminho e paramos para dormir em Xinguara, num entroncamento de estradas: para o interior da floresta, pegaremos a PA-279; descendo pela BR-155, há uma concentração de frigoríficos. Placas prometendo "limpar" multas e embargos ambientais, além de anúncios de vacinas e de pastos de engorda de gado, dão o tom da cidade. Autodenominada "capital do boi gordo", Xinguara é uma cidade rica. Está entre os vinte maiores Produtos Internos Brutos (PIBs) do Pará e tem campi de algumas universidades, entre elas o da Unifesspa. E, dos oito frigoríficos habilitados para exportação de carne em todo o estado, dois estão ali. É nos arredores de Xinguara que se encontram as fazendas da família Quagliato, formada por imigrantes italianos que saíram do interior de São Paulo e fizeram fortuna na Amazônia. Uma das fazendas da família, a Brasil Verde, de João Luiz Quagliato Neto, foi palco de um caso com repercussão internacional. Em 1997, 43 trabalhadores foram resgatados de condições análogas à escravidão. Três anos mais tarde, uma nova operação do Ministério do Trabalho resgatou outros 85 trabalhadores no mesmo local.

A reincidência e a quantidade de trabalhadores resgatados acenderam um alerta internacional e, em 2016, o caso da Fazenda Brasil Verde foi parar na Corte Interamericana dos Direitos Humanos (CIDH), instituição judicial da Organização dos Estados Americanos (OEA). A Corte responsabilizou o Brasil por não prevenir a prática de trabalho escravo moderno e de tráfico de pessoas, e a sentença determinou que o país indenizasse as 128 pessoas vitimadas pela Fazenda Brasil Verde, em uma condenação inédita do tribunal.

O caso da fazenda da família Quagliato não é isolado. Desde 1995, quando foram criados os grupos especiais de fiscalização móvel, que realizam o combate à escravidão no país, mais de 60 mil pessoas já foram resgatadas de trabalho escravo. Quase metade desses casos foi registrada em fazendas criadoras de gado, segundo relatório da organização internacional Environmental Justice Foundation (EJF) em 2022.[8]

Depois do pernoite em Xinguara, pegamos a estrada ainda com o sol baixo. Mais de trezentos quilômetros nos separam de São Félix do Xingu. Floresta adentro, em sentido oeste, entramos na PA-279, uma rodovia de pista simples sem acostamento. Dirigir por ali significa desviar de buracos e ultrapassar inúmeros caminhões-gaiola, ou boiadeiros, que transportam gado. Toda vez que passamos por um desses, o cheiro é inconfundível: uma mistura do odor do animal com o de suas fezes. Para organizá-los ali dentro, os motoristas usam uma vara de choque elétrico. E assim eles vão, debaixo de sol e chuva, sacudindo nos buracos e levando choques, até o abatedouro.

Entre Xinguara e São Félix do Xingu fica Ourilândia do Norte, que, junto com a vizinha Tucumã, forma a única área conurbada do sudoeste do Pará. Os municípios nasceram a partir do Projeto Tucumã, uma iniciativa de colonização do governo federal executada por meio de um convênio com a iniciativa privada. A empresa Andrade Gutierrez venceu a concorrência pública promovida pelo Incra em 1978 e ficou responsável por implantar o projeto em uma área de 400 mil hectares de terras da União[9] — onde caberiam mais de duas cidades de São Paulo inteiras —, à época localizada dentro do município de São Félix do Xingu. A proposta se encaixava nos objetivos do regime militar de ocupar a Amazônia Legal e promover a migração de mão de obra para áreas de baixa densidade populacional e limitada produção agrícola.

A região, então isolada, passou a ser integrada com a construção da rodovia PA-279, também executada pela Andrade Gutierrez, que conectava São Félix do Xingu a outras rodovias (como a BR-155). O projeto inicial previa a formação de agrovilas e a distribuição de 3 mil lotes de terra, com tamanhos variados conforme a qualidade do solo e a proximidade dos núcleos urbanos, voltados sobretudo para agricultura e pecuária.

A ocupação começou oficialmente em 1981 na primeira área trabalhada, a Gleba I, onde foram construídos mais de 540 quilômetros de estradas vicinais. O plano inicial previa também o desenvolvimento das Glebas II e III, mas a partir de 1983 os investimentos da Andrade Gutierrez começaram a diminuir.[10] A venda de lotes foi suspensa, causando frustração entre os colonos que haviam chegado à área e não conseguiram acesso às terras.

Essa frustração evoluiu para uma situação de tensão e descontrole. Em 1985, a área começou a ser invadida, primeiro na zona rural e depois nas agrovilas, o que resultou em um crescimento populacional explosivo e desordenado, inviabilizando o projeto como uma experiência de colonização planejada. Em 30 de outubro de 1988, depois de intensas negociações, as terras do Projeto Tucumã e suas benfeitorias foram revertidas para a União.

Com a saída da Andrade Gutierrez e a limitada atuação da prefeitura de São Félix do Xingu, os próprios moradores organizaram uma governança local alternativa. O conselho criado teve um papel decisivo na tentativa de manter algum grau de planejamento urbano, proteger áreas ambientais, preservar bens públicos e garantir serviços essenciais. Também foi importante para acalmar os ânimos em meio à disputa por terras e orientar o crescimento das atividades econômicas, especialmente a indústria madeireira e a exploração do ouro. No entanto, na prática, tais objetivos não foram plenamente alcançados.

Durante esse processo tumultuado, a ocupação desordenada gerou diferentes núcleos urbanos com perfis bastante distintos. Muitas das pessoas que não conseguiam acesso formal aos lotes acabaram se estabelecendo de forma precária às margens da PA-279. Sem o ordenamento previsto pelo projeto inicial, surgiram ali acampamentos informais, bares, boates e prostíbulos.[11]

Três núcleos ganharam proeminência nesse período. O primeiro se desenvolveu nas imediações da guarita de segurança da Andrade Gutierrez, onde se concentrava a vida comercial. Essa área, devido à proximidade da guarita e à dificuldade para compreender o numeral romano, ficou conhecida popularmente como "Guaritaí", uma corruptela de "Guarita I". O segundo núcleo, chamado simplesmente de Guarita, ficava mais afastado e tinha menor densidade populacional e pouca presença de comércios. Hoje, essa é a área que corresponde ao centro urbano de Ourilândia do Norte. Por fim, Guarita II, ainda mais distante, em direção a Xinguara, era composto quase exclusivamente de bares e casas noturnas — uma espécie de zona de lazer para os moradores e trabalhadores dos outros dois núcleos. Essa divisão inicial deixou marcas no espaço urbano e social da região, e por meio delas é possível enxergar o projeto de colonização que misturou ambições nacionais, capital privado e a dura realidade da fronteira amazônica.

Nossa viagem atravessa, portanto, Ourilândia e Tucumã, as últimas cidades antes de São Félix do Xingu — um município simples nas margens do rio Xingu, cheio de paradoxos e praticamente um espelho da realidade da pecuária no Brasil.

Por um lado, a cidade ostenta números que chamam a atenção: sua área, de 84 212 quilômetros quadrados, é quase quatro vezes o estado de Sergipe, posicionando-a entre as dez mais extensas do país. Os 2,5 milhões de bois espalhados por fazendas e sítios xinguenses em 2023 formavam um rebanho e tanto diante da população da cidade, que no mesmo ano era de 65,4 mil pessoas, contabilizando cerca de 38 bois por habitante. Apesar de rica em gado, a cidade apresenta baixos índices socioeconômicos, como a taxa de escolarização de crianças e adolescentes, uma das menores do país.[12] Eu estava curiosa para saber como essa cidade tão rica para o agronegócio, um dos vetores de maior geração de riqueza para o país, poderia ser ao mesmo tempo tão pobre.

Depois de atravessar o centro do município em direção à balsa, chegamos à beira do rio Xingu e decidimos almoçar antes de cruzá-lo. Na outra margem, rodaríamos ainda uns bons quilômetros de chão batido pela APA Triunfo até, enfim, alcançarmos uma pequena comunidade chamada Casa de Tábuas. Espremida entre a reserva ambiental e um gigante centro de pecuária, a situação fundiária dessa comunidade também reflete bem o que acontece em toda a região amazônica. Para chegar até ela, rodamos mais de cem quilômetros em estradas de lama depois de cruzar o rio. No caminho, passamos por dois "correntões", como são chamados os pedágios administrados por uma associação local para, de acordo com eles, fazer a manutenção da estrada. Pagamos cinquenta reais no total, um valor que só é cobrado na ida. Se o celular tiver sinal, aceitam PIX.

Dada a precariedade da estrada, é difícil acreditar que seja utilizada para acessar, por terra, uma das fazendas da AgroSB, uma das maiores empresas de pecuária do país. Antiga Agropecuária Santa Bárbara, a AgroSB é controlada pelo Fundo de Investimento Terra Firme, gerido pelo grupo Opportunity, do banqueiro Daniel Dantas. O banqueiro já figurou em rankings dos maiores bilionários do país e chegou a ser brevemente detido — e depois inocentado das acusações — em duas ocasiões ao longo de investigações de suborno e lavagem de dinheiro no âmbito da Operação Satiagraha, em 2008.

Fundada em 2005, a AgroSB, principal braço da pecuária do grupo Opportunity, seguiu crescendo. Atualmente, as unidades de produção da empresa estão localizadas em Cumaru do Norte, Santana do Araguaia, Xinguara e São Félix do Xingu, todas no sudoeste do Pará. Entre propriedades próprias, arrendadas e em parceria, a empresa explora uma área total de 412 mil hectares pela qual espalhou 52 mil cabeças de gado, além de extensas plantações de soja e milho.[13] A Fazenda Lagoa do Triunfo, a maior da companhia, é também a mais extensa propriedade privada de todo o imenso município de São Félix do Xingu — e, por consequência, uma das maiores do país. Formalmente registrada como Fazenda Eldorado do Xingu, no Sistema Nacional de Cadastro Rural, a antiga Agropecuária Santa Bárbara, como é chamada ainda hoje pela comunidade de Casa de Tábuas, tem uma extensão de 131952 hectares,[14] maior do que a cidade do Rio de Janeiro inteira. Mas nem sempre foi assim. "A gente nunca tinha ouvido falar da Santa Bárbara quando chegamos aqui", contou a dona de casa Luciele Barbosa. Ela faz parte do grupo de agricultores que vive ao redor da propriedade. Ou dentro dela. Quem me contou essa história, que eu não esperava descobrir quando decidi ir até a APA Triunfo do Xingu para a pesquisa deste livro, é o agricultor José Julião do Nascimento.

Julião pendurou um pano vermelho na pequena porteira de entrada do seu sítio para que reconhecêssemos o lugar. Pelas orientações que ele me passara em um áudio no WhatsApp, deveríamos cruzar o rio Xingu, pegar a vicinal Santa Rosa e andar cerca de sessenta quilômetros até o boteco da Macaca, onde viraríamos à direita e percorreríamos mais oitenta quilômetros até chegar na sede da "Santa Bárbara". De lá, pegaríamos outra vicinal à esquerda. Levamos mais de quatro horas para fazer o trajeto — não fosse uma ponte que estava quebrada, teríamos chegado na metade do tempo. Foi Júnior quem teve a ideia do pano vermelho na porteira para sinalizar o local correto. Novamente, agradeci por não estar sozinha. Eu jamais teria conseguido chegar até lá.

Era quase noite quando enfim paramos o carro na pequena propriedade, um sítio de sessenta alqueires, de acordo com Julião. No alqueire medido no Norte, isso significa 163 hectares, ou 1,6 quilômetro quadrado. O alqueire paulista tem outra medida. O mineiro, outra. Há também o goiano e o baiano. De qualquer forma, a propriedade de Julião é pequena. Ali ele cria galinhas, gado e tem uma horta miúda. Quatro vira-latas fazem a guarda da casa de três cômodos e uma cozinha. O banheiro fica do lado de fora. "Às vezes, dá para ouvir uma onça no caminho até lá", me contou. A eletricidade é gerada por energia solar, mas só estava funcionando na cozinha e na pequena varanda, onde ele me contou a sua história. Tomei banho no escuro e a céu aberto, mas depois disso só voltei ao banheiro no dia seguinte, com a luz do dia e sem barulho de onça.

Nascido no Paraná, Julião foi para o Centro-Oeste brasileiro ainda criança, seguindo o clássico fluxo migratório até o Norte. Assim como Airton Pereira, a família de Julião foi parar em Goiás antes que a região virasse o Tocantins. Na década de 1990, atraído pelas histórias que ouvia sobre terras baratas, ouro e melhores condições de vida, Julião chegou a Ourilândia do Norte, a cidade agitada por onde passamos antes de chegar a São Félix do Xingu. Ele logo conseguiu comprar seu pedaço de terra. "Compramos de um senhor. O único documento que havia eram as picadas", contou ele, referindo-se às trilhas abertas no chão para demarcar os terrenos. "Isso a gente chamava de documento, além de um contrato de compra e venda." As semelhanças com o que Airton me contou, ao narrar a própria história, não são apenas coincidências. A Amazônia é formada por um mosaico de famílias que foram atraídas por terras fáceis e baratas, além de melhores condições de vida.

Em 1996, as "picadas" se tornaram posse quando o Incra regulamentou o lote de Julião. "Passamos a ter todos os direitos, porém sem a propriedade da terra", disse. Mas em poucos anos o espaço ficou pequeno e ele decidiu se mudar. Andou alguns quilômetros, atravessou o rio Xingu e se estabeleceu na Casa de Tábuas, onde, em 2002, comprou seus sessenta alqueires. Passou a plantar legumes e frutas e a criar alguns bois e umas tantas galinhas — uma das quais virou o ensopado delicioso que jantamos à noite. Até meados de 2017, Julião vivia do que plantava e do gado que vendia, assim como seus vizinhos.

Foi nessa época que o dinheiro ficou curto para fazer as melhorias das quais seu sítio começou a precisar com o passar do tempo. E, assim como outros tantos agricultores, Julião bateu na porta do Banco da Amazônia para pedir um empréstimo, via crédito rural, de cerca de 20 mil reais. Utilizou o dinheiro para as benfeitorias no sítio, mas, logo que quitou a dívida, percebeu que ainda precisava fazer melhorias na cerca e no curral. Por isso, voltou ao banco. Por ter quitado a dívida anterior, o gerente disse que Julião estava apto a receber um novo empréstimo. "Ele disse que eu era um bom cliente. Mas havia um problema", contou o agricultor, que ao ouvir o gerente não imaginava o que viria pela frente.

Para explicar como Julião, apesar dos elogios do banco, saiu de lá sem dinheiro e cheio de perguntas, é preciso contar sobre uma sigla: CAR, o Cadastro Ambiental Rural. Instrumento fundamental para auxiliar no processo de regularização ambiental de propriedades rurais, o CAR foi instituído pelo Código Florestal em 2012 e é um registro obrigatório para todos os imóveis rurais. Funciona como uma espécie de "identidade ambiental" da propriedade rural e tem funções legais, ambientais e de gestão pública, já que reúne informações sobre o tamanho total do imóvel, as áreas de vegetação nativa, de uso agrícola ou pecuário, e as reservas legais (parte da propriedade que deve ser preservada com vegetação nativa) e Áreas de Preservação Permanente (APP). "É como se fosse uma radiografia das áreas que têm vegetação nativa e das que não têm", resumiu Cristina Leme Lopes, professora do curso de especialização em direito ambiental da Pontifícia Universidade Católica do Rio de Janeiro (PUC-Rio) e gerente sênior de pesquisa da organização Climate Policy Initiative, que no Brasil é afiliada à PUC-Rio (CPI/PUC-Rio). "Sendo assim, o CAR tem finalidade ambiental, serve para saber se as pessoas que estão ocupando a terra estão cumprindo ou não com a legislação", diz ela.

O cumprimento da legislação ambiental é um dos critérios para, por exemplo, a concessão de crédito, e tem sido cada vez mais exigido pelos grandes frigoríficos para a compra de boi. Acontece que o CAR é autodeclaratório. Em uma região com tantas questões fundiárias, terras públicas, posseiros, grileiros e proprietários, não é difícil imaginar que uma mesma área possa ser apontada como propriedade de pessoas diferentes — ou que haja terras indígenas, quilombolas e assentamentos, por exemplo, sendo declarados como áreas pertencentes a fazendas. Esse fenômeno é chamado de sobreposição de CAR e gera um caos de cadastros.

Porém, apesar do potencial imbróglio que o CAR é capaz de causar, ele é apenas um cadastro, só a ponta do iceberg. Não é sinônimo de título de propriedade, onde, segundo Cristina Leme Lopes, mora o "grande problema". Um estudo realizado por pesquisadores de diversas instituições brasileiras e internacionais em 2019[15] apontou o tamanho do vespeiro fundiário no país. Depois de cruzarem dados públicos do IBGE, do Ibama, do Incra e de outras instituições, os pesquisadores mostraram que o Brasil tem 176 milhões de hectares, mais do que as regiões Sul e Sudeste juntas, de propriedades privadas ilegalmente registradas dentro de terras públicas. Estão em terras devolutas, mas também dentro de territórios indígenas e quilombolas, além de reservas florestais. Naturalmente, a maior concentração dessas sobreposições está na Amazônia.

Toda ação ilegal que visa à transferência de terras para o patrimônio de terceiros configura grilagem. Esse tipo de crime, que pode levar à prisão, geralmente tem como alvo terras públicas protegidas, como reservas ambientais e terras indígenas, ou terras não destinadas. Mas também pode ocorrer em locais "fantasmas": que não existem na prática e foram criados para, por exemplo, tomar empréstimos. São terras de papel, ou seja, que só existem no documento grilado. Normalmente, são títulos de propriedades sobrepostas a outras, ou a áreas protegidas, como terras indígenas e unidades de conservação.[16] E são muitos os casos assim no Brasil. Para se ter uma ideia, em 2010, o Conselho Nacional de Justiça (CNJ) determinou o cancelamento de 10 728 matrículas registradas ilegalmente somente no Pará. Somados, os títulos cancelados compõem uma área equivalente a 73% do estado. São Félix do Xingu e Altamira concentram juntos 50% da área atingida pelos cancelamentos. Mas, com o passar do tempo, essa decisão do CNJ só mostrou a complexidade da situação. Até 2023, de todos os cancelamentos, o estado do Pará só tinha conseguido retomar uma única área.[17]

A promessa do CAR como instrumento de ordenamento e transparência no campo esbarra, portanto, nos alicerces frágeis da estrutura fundiária brasileira. Criado para ser uma ferramenta de controle ambiental, o CAR acaba muitas vezes refletindo — e até reforçando — as distorções históricas da ocupação da terra no país. Quando terras públicas, indígenas, quilombolas ou ambientalmente protegidas aparecem sobrepostas a registros particulares no sistema, evidencia-se que o problema vai muito além da fiscalização ambiental: trata-se de uma crise de governança territorial. Em 2022, um estudo apontou que uma área espalhada pelo país que totalizava o tamanho dos estados do Paraná, de São

Paulo e do Rio de Janeiro juntos estava cadastrada como sendo de imóveis rurais privados, apresentando sobreposição com unidades de conservação, terras indígenas, florestas públicas, áreas quilombolas e assentamentos. O levantamento foi realizado pelo Observatório do Código Florestal, uma rede formada por mais de quarenta entidades, como Instituto de Pesquisa Ambiental da Amazônia (Ipam), Instituto Socioambiental (ISA), SOS Mata Atlântica e WWF Brasil.[18]

Sem a regularização fundiária de fato — com titulação válida, fiscalização ativa e responsabilização por fraudes —, o CAR, por mais que seja um registro obrigatório, continuará sendo apenas um retrato parcial e distorcido da realidade.[19] Ele mostra onde há floresta e onde não há, mas não diz quem é o dono da terra. Ao identificar as áreas de floresta, o CAR é usado para exigir do proprietário a regularização ambiental das áreas sem floresta e também como instrumento do monitoramento do desmatamento. Em regiões como a Amazônia, onde a disputa por território é muitas vezes marcada pela violência, pela grilagem e pelo desmonte institucional, isso significa deixar o futuro da floresta à mercê de interesses muitas vezes ilegítimos. A chancela do Estado aos documentos fraudados é um divisor de águas: seja via órgão estatal ou via cartórios (porque o processo tem duas fases distintas, uma no Incra e a outra no cartório de imóveis da região onde o imóvel se localiza), há confiança na informação prestada pelo proprietário,[20] o que pode abrir brechas que favorecem aqueles que não possuem qualquer compromisso com a lei.

Como o país não enfrenta de forma coordenada o passivo fundiário que carrega há séculos, a "radiografia" ambiental que o CAR oferece segue turva — útil como ponto de partida, mas insuficiente para garantir justiça ambiental, segurança jurídica ou preservação dos territórios que deveriam estar sob proteção coletiva.

Agora podemos voltar ao Banco da Amazônia, no qual Julião descobriu que seu CAR, de 2009, estava 100% sobreposto. Ele não conseguiria mais acessar o crédito de que precisava nem vender o gado que criava, pois o CAR regularizado é uma das condicionantes para a compra de gado pelos maiores frigoríficos. "Eu achei que estava tudo certo e, de repente, não estava mais", contou ele. E Julião não estava sozinho. No mesmo período, diversos vizinhos começaram a enfrentar o mesmo bloqueio. "Isso aconteceu com muita gente", disse. "Alguns descobriram na fila do frigorífico, já com o boi para ser vendido." A surpresa de Julião e seus vizinhos foi descobrir que suas propriedades agora estavam dentro da AgroSB.

Ao chegar em casa sem o empréstimo, o agricultor precisava ao menos vender o pouco gado que ainda tinha para conseguir algum dinheiro. Desde 2009, quando os frigoríficos começaram a não comprar carne oriunda de fazendas com passivos ambientais, o CAR passou a ser fundamental para provar que as propriedades estavam "limpas". Como o sítio de Julião estava sobreposto, sua documentação ficou travada. E, logo, seu gado também. A saída que muita gente da região encontrou é o que eles chamam de "alugar" o CAR de outra propriedade, registrar o gado como se fosse oriundo de outra propriedade. A lavagem do gado custava, em 2024, em média quinze reais por cabeça, cerca de 1% do total da venda.

Sem meios para vender seu gado, Julião recorreu à Justiça e, no fim de 2023, ajuizou uma ação de usucapião contra a AgroSB. "A AgroSB se diz proprietária da área, mas as pessoas que vivem por ali estão há mais de vinte anos no local, ou seja, anteriormente à constituição da própria empresa", afirmou o advogado Vitor Leal, do escritório de Bruno Melo Fiorenzano Reis, que representava o caso de Julião e de outras dezenas de pessoas na região. No total, de acordo com o advogado, são cerca de 25 mil hectares sobrepostos, ou 6% da área total que a AgroSB declarou em seu balanço de 2024.[21] Ele explicou que casos como esse são muito comuns. "Já estamos até acostumados a lidar."

Eu procurei a AgroSB para tentar entender melhor o que estava acontecendo, mas não consegui uma entrevista com nenhum porta-voz. A empresa afirmou, por meio da sua assessoria de imprensa, que a área de preservação ambiental da fazenda, de mais de 100 mil hectares, "vem sendo invadida por posseiros que desmatam as suas Áreas de Preservação Permanente (APP) e Reserva Legal (RL) e as convertem em pastos". De acordo com o Código Florestal em vigor enquanto escrevo este livro, todo imóvel rural situado na Amazônia Legal deve manter ao menos 80% da área com cobertura de vegetação nativa, a título de Reserva Legal. Ou seja, o desmatamento só é permitido em 20% da propriedade na Amazônia. Em outros biomas esse percentual é diferente.

Segundo a empresa, os invasores tentam legalizar a área desmatada ilegalmente mediante a declaração exigida pelo CAR e movendo ações de usucapião "nas quais informam que estão há anos nas áreas desmatadas e, por isso, acreditam ter o direito de lá ficar e obter o título de propriedade". A companhia declarou que os posseiros são penalizados com multas ambientais que recaem contra a AgroSB, gerando a ela um passivo de dano de imagem, milhões de reais em dívida e o dever de recuperar a área degradada.

A posição da empresa diverge do que os moradores me contaram na Casa de Tábuas. "Quando a Santa Bárbara chegou, ela já sabia que a gente estava aqui", me disse Oséas Santiago dos Santos, pastor da igreja da comunidade. Nascido em Imperatriz, no Maranhão, Oséas chegou em São Félix do Xingu em 1987 e nunca mais saiu. "Eles querem nos engolir", resume. O impasse vivido pelos moradores da Casa de Tábuas e arredores é reflexo da história da ocupação de quase toda a Amazônia. Desordenada, sem regras, onde o único documento era a "picada".

A disputa pelas terras é sangrenta desde a raiz. Por ali, ganha quem tiver mais dinheiro e muda de endereço quem quiser preservar a vida. Não é raro que um agricultor como Julião receba uma proposta de compra da sua propriedade — normalmente, por um preço baixo demais para recomeçar a vida em qualquer outro lugar. No coração do Pará, o império da lei não existe. As ameaças podem ser sangrentas como as chacinas e os massacres narrados anteriormente, mas às vezes são sutis. Na região, muita gente conhece a máxima: "Se você não quiser vender sua propriedade, eu compro da sua viúva. Da viúva é mais barato".

3.
O mapa do estrago

Impactos da pecuária sobre a maior floresta tropical do mundo

Ainda era bem cedo quando Maria do Espírito Santo da Silva se levantou e fez o café para que ela e o marido, José Cláudio Ribeiro da Silva, partissem logo que amanhecesse. O dia começava e, até então, tudo parecia corriqueiro: café na mesa, louça lavada, cozinha organizada. Na noite anterior, José Cláudio, um homem forte e de olhar doce que tinha por hábito falar alto, dissera por telefone a um irmão qual trajeto faria com a mulher no raiar do dia seguinte. Sairiam cedo, passariam na casa da d. Neide, uma vizinha da comunidade, e seguiriam para Marabá. A vizinha lhe devolveria cerca de oitocentos reais que havia tomado emprestado, quitando a dívida para que José Cláudio pagasse o tratamento de uma das irmãs que sofria de complicações decorrentes de hipotiroidismo.

Pouco antes das sete da manhã, José Cláudio ligou a moto e o casal de extrativistas de castanha partiu do assentamento de Praialta Piranheira, em Nova Ipixuna (PA). No caminho, passaram bem devagar em frente à escola em que Laísa, irmã de Maria, trabalhava. Buzinaram, acenaram e seguiram viagem. Depois da breve parada na casa da d. Neide para pegar o dinheiro, eles ainda tinham chão até Marabá.

Contudo, dos 150 quilômetros que separam uma cidade da outra, não percorreram nem dez. Perto da saída do assentamento, José Cláudio desacelerou para conseguir passar por uma ponte de madeira caindo aos pedaços. A baixa velocidade da moto foi a deixa para que o casal fosse alvejado. Maria, atingida no pulmão e no coração, morreu na hora. José Cláudio caiu da moto ainda com vida até ser atingido no tórax e na cabeça. Seus assassinos, dois homens, tentaram esconder os corpos no matagal que margeia a estrada, mas não sem antes sacarem o capacete de José Cláudio e lhe arrancarem um pedaço da orelha — prova do serviço realizado. O dinheiro que o casal carregava, para pagar o tratamento da irmã de José Cláudio, também foi levado. Uma tragédia anunciada, depois de quase uma década vivendo sob ameaças em um local marcado por disputas.

Implementado em 1997 pelo Incra, o projeto de assentamento de Praialta Piranheira é formado por 22 mil hectares de terras devolutas cobiçadas por madeireiros e fazendeiros que disputam o espaço com quem deveria tê-lo garantido. Zé e Maria, como eram chamados, presidiam a Associação de Pequenos Produtores do local e lideravam a implementação do assentamento, lutando pela reforma agrária e pela defesa da terra. A emboscada armada contra o casal vinha sendo planejada havia tempos, mas foi depois de ouvir a conversa de José Cláudio ao telefone, na noite anterior, que os pistoleiros entocados nos arredores da casa montaram o roteiro macabro do assassinato. Foi relativamente fácil saber o trajeto, já que só há duas saídas do assentamento e uma delas passa pela casa da d. Neide. Os criminosos ficaram de tocaia próximos à ponte capenga, que obrigaria José Cláudio a reduzir a velocidade da moto para poder passar.

O assassinato de Zé e Maria ocorreu no dia 24 de maio de 2011 por volta das sete e meia da manhã, deixando marcas profundas nas pessoas à sua volta. O pai de Maria morreu poucos meses depois do ocorrido. Laísa, a irmã, sofreu quatro AVCs e um aneurisma que deixou sequelas. “Eles viveram um inferno no primeiro ano”, me disse Felipe Milanez, escritor e jornalista que, além de amigo do casal, cobriu de perto o caso e escreveu um livro sobre a história de defesa da floresta trilhada por eles.[1] Ainda segundo Milanez, o casal fez ao menos dezesseis denúncias, com cartas e informações sobre crimes ambientais, entre 2001 e 2011.

Por meio da imprensa, o caso ganhou repercussão internacional, pressionando as autoridades por uma solução no âmbito jurídico. Assim, quatro meses depois do assassinato, foi deflagrada uma operação "cinematográfica", como descreveu Milanez. Helicópteros, caminhões, tecnologia de inteligência e o pelotão de elite da Polícia Militar do Pará foram mobilizados na Operação Massaranduba em busca do fazendeiro José Rodrigues Moreira e do irmão, Lindonjonson Silva Rocha, que estavam foragidos. O fazendeiro vinha fazendo ameaças de morte ao casal e, segundo as investigações policiais, foi apontado como o mandante do crime. Zé e Maria estavam atrapalhando seus negócios ilegais, que envolviam a compra ilícita de três lotes no assentamento para expandir a criação de gado. Além do irmão do fazendeiro, também foi apontado como assassino Alberto Lopes do Nascimento. Quando os três foram capturados, logo depois da operação, parecia que a justiça havia sido feita. Mas o que veio a seguir mostra que, na Amazônia, crime e castigo são palavras que evitam caminhar juntas.

O julgamento ocorreu em Marabá quase dois anos depois do crime, em abril de 2013, ao longo de dois dias. Terminou com a condenação de Lindonjonson e Alberto Lopes do Nascimento a mais de quarenta anos de prisão pelo assassinato, mas a absolvição do mandante José Rodrigues. O resultado do julgamento gerou revolta nas cerca de duzentas pessoas que acompanhavam a audiência. A liberdade concedida a Rodrigues motivou a quebra de vidraças do fórum, em um ato de repúdio ao perdão concedido ao fazendeiro.[2] Laísa, a irmã de Maria, passou mal e saiu do fórum para tentar se recompor. Muito abalada, ela se sentou no meio-fio da calçada e só saiu de lá em uma ambulância, direto para o hospital. Foi o seu primeiro AVC. Na época, o juiz responsável pelo caso escreveu que José Cláudio e Maria "contribuíram, de certa maneira", para seu assassinato,[3] o que gerou ainda mais dor e revolta nos familiares. Não bastassem os requintes de crueldade de toda a história, Lindonjonson fugiu do presídio em 2015 e só foi recapturado cinco anos mais tarde.

Em dezembro de 2016, por causa de um recurso apresentado pelo Ministério Público Estadual do Pará, o caso voltou a ser julgado, desta vez pelo Tribunal do Júri de Belém, que condenou José Rodrigues a sessenta anos por ter sido coautor intelectual do crime. A condenação histórica jamais foi cumprida: o fazendeiro não se apresentou à Justiça e segue foragido. Mas não sem antes passar diante dos olhos das autoridades em meio a uma busca por Lindonjonson, em 2020. Os irmãos estavam escondidos no mesmo local, a casa dos pais. Lindonjonson foi capturado e voltou para a cadeia, mas Rodrigues conseguiu escapar.

O fazendeiro, conhecido por crimes envolvendo grilagem de terras, era tão popular na região quanto o casal, que lutava contra tais práticas. Ele segue solto. Já Zé e Maria morreram aos 53 anos "silenciados pela bala", como resumiu Claudelice Santos, irmã de José Cláudio. Para que o legado do casal não fosse enterrado com eles, Claudelice coordena as atividades do Instituto Zé Cláudio e Maria, que defende aqueles que, por sua vez, defendem a floresta. Consegui entrevistá-la em Marabá por um golpe de sorte: o dia em que cheguei na cidade era o único em que ela estaria ali em semanas. Entre momentos de revolta e emoção, ela me contou sobre o desfecho trágico do caso, que se soma ao de tantos outros dos moradores da região, vítimas do que ela chama de "ritualística macabra de destruição da natureza".

O roteiro é um velho conhecido. O que muda são apenas os protagonistas que se encarregam de derrubar a floresta, vender a madeira ilegal, atear fogo no que restou, fabricar carvão e, enfim, plantar capim para espalhar o gado. "Essa região é marcada pelo sangue de Zés e Marias", disse Claudelice. "Até hoje a gente não entendeu o que aconteceu e não aceita. Mas se seguimos vivos, precisamos continuar essa luta", afirmou. Eu voltei a falar com ela algumas vezes por telefone, depois dessa conversa ao vivo. Em todas, ela se emocionou. Propus que interrompêssemos a conversa, mas ela fez questão de seguir, até que as minhas perguntas se esgotassem. "É difícil, mas eu quero falar. Essa história precisa ser contada."

Zé e Maria brigavam com peixes grandes: fazendeiros e madeireiros que insistiam em avançar sobre um território que deveria estar protegido. "O Estado não consegue cumprir o seu dever", afirmou Claudelice. "Não somos invisíveis nem vulneráveis, é o Estado que nos torna assim." Atarefada, quando conversamos em Marabá ela estava às voltas com a organização da Romaria dos Mártires da Floresta. Todo ano, desde 2015, em maio — mês em que ocorreu o crime —, uma marcha homenageia aqueles que morreram para que a floresta permanecesse de pé. E não são poucos. O Brasil está sempre entre os primeiros lugares no ranking de assassinatos de ativistas do meio ambiente e líderes de comunidades tradicionais. De acordo com a ONG internacional Global Witness, que produziu um relatório mundial contabilizando esses crimes entre 2012 e 2021, 1733 pessoas morreram em decorrência da luta pela causa ambiental no mundo, e 342 só no Brasil:[4] mais de trezentos Zés e Marias.

O relatório internacional foi publicado no ano da morte do jornalista inglês Dominic Mark Phillips, conhecido como Dom, e do indigenista Bruno da Cunha Araújo Pereira, ex-servidor da Fundação Nacional dos Povos Indígenas (Funai).

Eles foram assassinados em 5 de junho de 2022 em uma emboscada quando navegavam no rio Itacoaí, na TI Vale do Javari. Localizado no extremo oeste do estado do Amazonas, o território está fincado na fronteira do Peru com a Colômbia e é palco de uma das típicas tríades de ilegalidade que sustentam os conflitos amazônicos: tráfico de drogas, roubo de madeira e garimpo. Segunda maior terra indígena demarcada do país, atrás somente da TI Yanomami, o Vale do Javari tem a maior concentração de indígenas isolados do mundo. Ali, Bruno e Dom foram assassinados a tiros, tiveram o corpo desmembrado, queimado e enterrado em diversos pontos da floresta e só foram encontrados depois de dez dias de buscas. O Ministério Público Federal apontou que os ativistas foram assassinados por motivo torpe, de forma cruel e sem chance de defesa. Ao todo, oito pessoas foram denunciadas por participação no assassinato. Todas aguardam julgamento.

Envolvidos com tráfico de drogas e pesca ilegal, os suspeitos teriam assassinado o jornalista e o ativista por sua atuação denunciando atividades ilícitas na região. Por uma série de fatores, esse caso também teve repercussão internacional. Não somente pelo fato de Dom Philips ser um jornalista nascido na Inglaterra, correspondente do periódico inglês *The Guardian,* mas também pela brutalidade do crime e pela lentidão com que o governo brasileiro respondeu ao desaparecimento. Somente três dias depois da falta de contato da dupla com seus familiares, a Justiça Federal do Amazonas determinou que a União utilizasse, enfim, um helicóptero para realizar as buscas. E isso se deu apenas depois de um pedido da Defensoria Pública da União juntamente com a União dos Povos Indígenas do Vale do Javari (Univaja). Naquele momento, o então presidente Jair Bolsonaro chegou a culpá-los pela própria morte, dizendo que estavam em uma "aventura não recomendável".

Eu nunca trabalhei com Dom, mas ele foi parceiro da *Repórter Brasil* em muitas investigações e, por isso, muito próximo dos meus colegas de lá. Daniel Camargos, um dos repórteres da minha geração que melhor conhece a Amazônia, realizou diversos trabalhos ao lado dele. Essa relação que o jornalista inglês tinha com a *Repórter Brasil* fez com que o crime fosse ainda mais marcante, em um momento de escalada de tensões. Aquele ano de 2022 foi uma espécie de "dança final" para os criminosos que atuavam na Amazônia. A iminência da saída de Jair Bolsonaro, um presidente que deixou "passar a boiada"[5] para o desmatamento ilegal e a exploração da floresta, e a possível volta de Luiz Inácio Lula da Silva, que era visto por parte do eleitorado preocupado com o meio ambiente como alguém que poderia ao menos deixar essa porteira um pouco menos escancarada, fez com que as taxas de desmatamento explodissem. Ninguém queria perder tempo. "O desmatamento aumentou muito naquele ano e o meu palpite é que, como Lula estava na frente nas pesquisas, o agronegócio ficou com medo dele ganhar, e de a Marina [Silva] virar novamente a ministra do Meio Ambiente", me contou o cientista e pesquisador Carlos Nobre. "Por isso houve uma corrida para que se explorasse ao máximo a floresta enquanto ainda era o governo Bolsonaro."

Se o palpite de Nobre estava certo ou não, talvez agora não faça diferença. O fato é que 2022 terminou com a Amazônia ainda mais encolhida. A rapidez com que o desmatamento assolou a floresta foi assustadora, contabilizada na proporção de quase 3 mil campos de futebol por dia, batendo o recorde de 10,5 mil quilômetros quadrados de árvores derrubadas. Foi o quinto ano consecutivo de recorde de destruição da Amazônia.[6]

Não por acaso, a curva de desmatamento foi seguida por outra, igualmente recordista: o Brasil encerrou o ano de 2022 com um rebanho de 234 milhões de cabeças de boi, um número maior que a nossa população de 203 milhões de pessoas.

Isso significa não só mais boi do que gente, como também mais boi avançando sobre a floresta, já que se calcula que mais de 90% da área desmatada na Amazônia vira pasto.[7] É por isso que não há exagero ao dizer que onde há desmatamento, há boi. E, logo, há disputas e crimes.

Ainda em 2022, 47 pessoas foram assassinadas no campo devido a conflitos por terra, por água ou trabalhistas, segundo um relatório da CPT. Definitivamente, aquele não foi um ano fácil. Por isso, quando enfim chegamos a dezembro, era de se esperar que o ano seguinte fosse diferente. Entramos em 2023 com a expectativa de dias melhores pela frente, mal sabendo que o ciclo de destruição ocorrido até ali já cobrava seu preço — um preço que seria cada vez mais alto. De fato, 2023 não será lembrado como a inauguração de um ciclo mais ameno de destruição, mas sim como o ano mais quente da história do planeta Terra.[8] Dali em diante, os recordes seriam sucessivamente superados, e o que estamos vivendo hoje faz parte de um pacote de consequências que chegou mais rápido do que muitos cientistas previam. O cientista Carlos Nobre, que no fim de 2023 disse estar "otimista" com a redução do desmatamento obtida naquele ano, foi aos jornais em setembro de 2024 para dizer que estava "apavorado" com o aumento "muito rápido" da temperatura da Terra.[9]

Segundo o Programa das Nações Unidas para o Meio Ambiente (Pnuma), o aquecimento global é causado especialmente pela ação humana. Isso acontece por meio das emissões dos gases de efeito estufa, como dióxido de carbono, metano e óxido nitroso. São gases emitidos, em grande parte, pela queima de combustíveis fósseis — carvão, petróleo e gás natural — para a geração de energia. A produção industrial de artigos como cimento, ferro, eletrônicos, aço, plástico e roupas, entre outros bens, está na lista do Pnuma dos maiores emissores de poluentes.[10]

A imagem de usinas soltando fumaça no céu está consolidada em nosso imaginário quando falamos sobre poluição e traça um caminho quase didático: esses gases emitidos pela produção industrial e jogados na atmosfera retêm parte do calor, impedindo sua dissipação para o espaço. Mas a chaminé não é a única via pela qual os gases do efeito estufa chegam à atmosfera. A pecuária também causa efeitos muito poderosos, embora menos visíveis. É difícil pensar em poluição quando se imagina um boi pastando. No entanto, o caminho para que a carne chegue ao nosso prato está imerso em gases: começando pelas queimadas, ainda hoje amplamente utilizadas para abrir as pastagens, cuja fumaça é cheia de gases poluentes. Um tanto mais discretos — para quem olha de longe —, mas causadores de um impacto enorme na atmosfera, são os gases emitidos pelos bois durante a digestão, com liberação de metano. Do total de emissões de gases da pecuária no Brasil, 64% têm origem na digestão do boi.[11] A flatulência bovina se torna ainda mais relevante se considerarmos que a agropecuária é o setor de mais emissões no país, com a pecuária responsável por 80% delas. Ou seja, os gases bovinos são os maiores emissores do setor que mais emite gases de efeito estufa no país. E se temos o segundo maior rebanho bovino do mundo — atrás apenas da Índia, onde a vaca é sagrada e o rebanho não é totalmente comercial —, não é difícil compreender a quantidade colossal de metano liberada por essas dezenas de milhões de bois pastando.

Consequentemente, a Amazônia, que concentra os municípios com a maior criação de gado do país,[12] é também a região que mais emite carbono por meio da pecuária.[13] Pode ser surpreendente se dar conta de que São Paulo, a cidade com a maior frota de carros do Brasil, de quase 9,5 milhões de veículos, está em 13º lugar entre os municípios mais emissores de gases, com Altamira (PA), São Félix do Xingu (PA) e Porto Velho (RO), nessa ordem, na frente. As três cidades — que obviamente fazem parte dos municípios com o maior rebanho do país — somam, juntas, mais de 5 milhões de bois, ou quase a metade da frota de carros da maior cidade da América Latina.

Mas não é só de gases que vive o impacto da pecuária: sua pegada hídrica é igualmente devastadora. O cálculo da quantidade de água necessária para a produção de carne é feito por meio de metodologias diversas e por isso o resultado varia. De acordo com a Empresa Brasileira de Pesquisa Agropecuária (Embrapa), a média global é de cerca de 15,5 mil litros de água para cada quilo de carne.[14] A média do consumo de carne bovina no Brasil varia, já que depende de fatores econômicos, como o preço do alimento e a renda da população, mas nos últimos anos flutuou ao redor dos trinta quilos anuais por pessoa. Multiplicando pela água utilizada para a produção da carne, são cerca de 100 trilhões de litros de água por ano só para a carne consumida internamente. E já que nós, jornalistas, adoramos falar em campos de futebol para dar a dimensão do desmatamento, vale lançar mão de outro clichê esportivo para ilustrar o que esse número representa: 40 milhões de piscinas olímpicas cheias. Isso só para abastecer a média de consumo interno da população brasileira, que representa 75% da produção de carne bovina do país. Os outros 25% são exportados, sendo que a China e os Estados Unidos compram juntos quase 60% do total, segundo a Associação Brasileira das Indústrias Exportadoras de Carne (Abiec).[15] Ou seja, o número de piscinas é ainda maior.

"Você realmente precisa de muita água para criar gado. E essa água, daqui a pouco, não vai existir mais", afirmou a pesquisadora Marina Hirota, no fim de 2023. No ano seguinte, em 2024, o Brasil — especialmente a região Norte, onde fica a maior parte da Amazônia — viveu a maior seca da história. Dezenas de cidades amazônicas ficaram isoladas, rios secaram e centenas de queimadas foram registradas pelo país, agravando ainda mais a qualidade do ar.

Não sei que tipo de romance Rachel de Queiroz escreveria agora, mas se tivesse visto cenas recentes em 1915, quando escreveu *O Quinze*, talvez descrevesse o cenário como apocalíptico. A "grande seca de 1915" não foi contabilizada para cravar o recorde de 2024, porque a série histórica feita pelo Centro Nacional de Monitoramento e Alerta de Desastres Naturais (Cemaden) utilizou parâmetros coletados a partir de 1950. Ainda assim, pensar em viver a pior seca dos últimos 74 anos na pele, e não somente na literatura, é bastante assustador.

Eu me lembro bem dos invernos secos quando era criança e vivia em Campinas, no interior de São Paulo. Eram semanas seguidas sem ver uma gota de chuva. Obviamente, ali a seca não causava grandes impactos além da saúde. Em uma região urbana, não ficávamos isolados, sem alimentos e medicamentos, como acontece na Amazônia. Mas uma cena daquela época me marcou: minha mãe correndo para tirar a roupa do varal ao ver a primeira fuligem caindo no quintal. "Queimada!", ela dizia. E se apressava para não deixar que as roupas recém-lavadas, porém já quase secas, se sujassem novamente.

Região cercada por canaviais, Campinas faz parte de uma rota de plantação de cana-de-açúcar que mantém São Paulo no topo dos estados que mais produzem açúcar do Brasil, sendo que o país, por sua vez, lidera a produção mundial. Viajar pelo interior paulista é se deparar com imensos tapetes de plantação de cana — e muita fumaça, dependendo da época do ano. A queima dos pés de cana-de-açúcar ainda é uma técnica utilizada logo antes da colheita, porque o fogo mata os bichos que podem atrapalhar a colheita, como cobras e insetos — e os que não atrapalham também —, e deixa os caules da cana, chamados de colmos, livres das folhas, facilitando a ceifa manual. É uma técnica rápida e barata, e por isso utilizada também em outras vegetações, plantações e biomas. O estrago que pode causar, no entanto, é imenso. Assim, desde o primeiro Código Florestal do Brasil, em 1934, o uso do fogo na vegetação é proibido, sob pena de multa e até prisão para quem descumprir a lei — previsão que foi mantida na versão seguinte do código, de 1965.

De lá para cá o código foi modificado por diversas medidas provisórias, até chegar na última versão, de 2012, que não determina pena — a qual passou a ser prevista na Lei de Crimes Ambientais (lei nº 9605/1998) — e abre algumas exceções para o uso do fogo. São elas: o manejo de conservação de determinadas vegetações cuja evolução é associada à ocorrência do fogo, para atividades de pesquisas científicas e nas práticas agropastoris que justifiquem seu uso. Em todos os casos, a chamada "queima controlada" requer autorização prévia do órgão ambiental competente e implica o respeito ao período proibitivo do uso do fogo, que é definido anualmente e varia de estado para estado, e a apresentação de medidas como um plano de controle e acompanhamento da queima.

O Código Florestal determina também que o governo federal estabeleça uma política nacional de manejo e controle de queimadas e de prevenção e combate aos incêndios florestais. Mas somente doze anos mais tarde, em julho de 2024, a lei nº 14 944 que instituiu a Política Nacional de Manejo Integrado do Fogo foi sancionada, depois de incêndios históricos cujas chamas lamberam partes significativas do Pantanal, do Cerrado e da Amazônia. Em meio às mudanças do Código Florestal e da criação de novas leis, faz quase um século, ou seja, muito antes de os termos "mudanças climáticas" e "aquecimento global" se tornarem parte do cotidiano noticioso, que o Brasil faz vista grossa ao uso do fogo em suas florestas. Na Amazônia, a prática é a base para a grilagem de terras e abertura de pasto. E as autoridades sabem disso. "Neste momento, qualquer incêndio se caracteriza como criminoso. Há uma proibição de uso do fogo em todo o território nacional", disse a ministra do Meio Ambiente, Marina Silva, em setembro de

2024, enquanto o país ardia em chamas espalhadas por quase todas as regiões.

Nem sempre foi assim. O uso do fogo é uma prática ancestral. "Em algum momento as pessoas descobriram que a queima da vegetação é uma ótima maneira de fertilizar o solo", me disse Alessandro Samuel Rosa, PhD em agronomia-ciência do solo, professor da Universidade Tecnológica Federal do Paraná (UTFPR) e coordenador do MapBiomas. De acordo com ele, o solo da Amazônia é curiosamente formado por material sedimentado, pobre em matérias orgânicas. "A vegetação exuberante da Amazônia dá a sensação de que o solo é fértil", diz ele. Mas é graças à alta temperatura e aos ventos, que transportam os nutrientes, que a vegetação conseguiu encontrar um equilíbrio. Assim, a matéria orgânica que cai — cascas e folhas, flores e frutos — é responsável por formar um material rico em nutrientes que fertilizam o solo pobre. O uso ancestral do fogo entrava nesse ciclo, limpando o terreno depois da colheita e nutrindo a terra, já que as cinzas são altamente ricas em macronutrientes. "A queimada é fantástica do ponto de vista de fertilização do solo", afirmou Rosa. O fogo fazia parte do preparo da terra para um uso posterior, em um ciclo de alternância, diferente do que é praticado agora. Hoje, na Amazônia, "a queima para o cultivo em larga escala ou para a pecuária garante dois ou três anos de produção muito alta e depois exaure o solo", explica ele.

O esgotamento do solo, com seus danos em cascata, cria um efeito dominó na região. As cinzas, depositadas sobre um solo pobre e arenoso, acabam não sendo absorvidas e são levadas pela chuva para os rios. Lá, devido aos seus nutrientes, tornam-se um superalimento para bactérias e algas. Na terra, a prática comum de grileiros e outros criminosos é, finda a queimada, plantar capim. "Em geral, a presença do capim é ideal para o solo, já que é sempre bom que tenha alguma planta crescendo sobre ele", diz Rosa. "Mas junto com esse capim chegam outros problemas, porque, muitas vezes, o capim plantado ali é uma espécie trazida de fora, e algumas são tão agressivas que começam a dominar as espécies locais, levando a uma monocultura de capim." Uma prática danosa, portanto, leva a outras.

E há ainda outras peças nesse dominó. Se o manejo da pastagem é ruim ou inexistente, o boi que vive ali precisa fazer caminhadas cada vez mais longas para encontrar um bom pasto. Essa peregrinação, debaixo do sol escaldante da Amazônia, causa sofrimento ao animal e acaba por compactar o solo. Quanto mais compacto, menos o solo consegue absorver a água da chuva, que cria um canal para poder escorrer. "Ao longo dos anos, isso abre um sulco na terra, formando um canal preferencial para a água passar, assim como quando andamos sempre pelo mesmo caminho sobre um gramado", explica o especialista. E, quanto mais arenoso o solo, como é o da Amazônia, mais propício é para a abertura desses canais, que, com o passar dos anos, se transformam em voçorocas: imensos buracos causados pela erosão. "Por isso, aquela tropa de boi, um atrás do outro procurando pasto, é horrível para o solo", diz Rosa.

Para mapear os impactos causados pela pecuária, especialmente na Amazônia, seria preciso analisar aspectos ambientais, sociais e até químicos. As legendas desse mapa teriam de conter símbolos capazes de traduzir o emaranhado de consequências causadas por décadas de um negócio que é, ao mesmo tempo, importante para a economia brasileira e insustentável em seu atual formato. Se existisse um símbolo para traduzir a obsolescência da pecuária brasileira, o mapa do Brasil estaria apinhado dele — ainda que a bússola possa apontar para uma boa direção, como vou contar no último capítulo deste livro.

Já as escalas do mapa teriam que contemplar as violações aos direitos humanos e os crimes ligados à pecuária, mesmo que indiretamente. Enquanto escrevo este livro, 1414[16] pessoas com histórias como a de Dom, Bruno, Zé e Maria vivem no Brasil sob a sombra de alguma proteção do Estado. Fazem parte do Programa de Proteção aos Defensores de Direitos Humanos, Comunicadores e Ambientalistas (PPDDH), que prevê escolta policial, equipamentos de segurança ou acolhimento em algum local provisório, entre outras medidas, para indivíduos sob ameaça de violação dos seus direitos. O Pará, com 162 pessoas, lidera o número de inscritos no PPDDH.[17] O pedido de acolhimento no programa é um atestado da situação-limite em que a pessoa se encontra. Zé e Maria pensaram em recorrer ao PPDDH, mas desistiram ao saber que teriam de deixar o território, mudar de casa e abandonar sua luta. Até hoje, mais de mil pessoas precisaram abandonar sua luta para garantir a própria sobrevivência — um número que mapa nenhum será capaz de traduzir.

4. Do confisco de Delfim ao sertanejo universitário

Os pilares que sustentam a cadeia de carne[1]

Nóis é bruto, nóis é xucro,
limpa esterco da bota.
Mas o nosso bolso anda forrado de nota

Davi e Fernando

Os disparos contra a parede do quarto das crianças foram o recado final para a família Zanini: depois de um longo tempo de ameaças, era melhor zarpar. O saldo da saraivada foi uma parede cravejada[2] e um bilhete intimidador endereçado aos filhos ainda pequenos de Edmund e Therese Zanini. A família americana vivia no Brasil havia cerca de uma década, trazida pelo patriarca, que tinha um olhar afiado para a especulação de terras.

Percebendo que o Brasil poderia ser uma boa aposta para expandir as fronteiras do patrimônio familiar, Edmund vendeu tudo o que tinha nos Estados Unidos, comprou 200 mil hectares de terras no coração de Mato Grosso e se mudou para lá com a família. Naquela época, idos da década de 1960, não havia restrição para a aquisição de terras por estrangeiros, algo que só seria estabelecido em 1969, com um decreto que limitava a compra para não brasileiros. A mudança na legislação mostrava o imenso valor que um terreno na região poderia ter no futuro: além da família Zanini, muita gente já disputava um espaço por ali, especialmente com todas as facilidades para se tornar dono de um pedaço do Brasil.

Da imensidão do lote adquirido em 1963, Edmund Zanini decidiu vender 30 mil hectares a um grupo vindo do Sul. Com isso a história da família americana mudou completamente de rumo para se transformar em uma trama envolvendo ameaças, mais de seiscentas famílias e 40 mil páginas de processos judiciais que se arrastaram por décadas, tendo como centro da disputa uma área equivalente à cidade de São Paulo.

O atentado à família em maio de 1977, na casa onde viviam em Cuiabá, foi a gota d'água.

Os Zanini chegaram em Mato Grosso antes da fundação de muitas das cidades que hoje compõem o estado. O próprio Mato Grosso do Sul só foi existir oficialmente em 1977, no fim de uma década que representa um marco para o agronegócio do país.

Até a metade do século passado, a agricultura brasileira era sinônimo de uma imensidão de plantações de café e canaviais espalhados especialmente pelas regiões Sul e Sudeste, cultivados pela força braçal. A pecuária não possuía estímulo para o desenvolvimento, muito menos para a exportação, e atendia essencialmente ao consumo interno.

A mudança desse cenário começou na década de 1970, com o Brasil mergulhado na ditadura militar e tentando sobreviver à crise internacional do petróleo. Foi também nessa década que a população urbana passou a ser maior que a rural, e o trabalho no campo, realizado em sua maioria pela agricultura de subsistência, foi mecanizado, buscando atender à crescente demanda do novo Brasil urbanizado.[3]

Na tentativa de evitar a recessão em um cenário de incertezas, o governo militar lançou o II Plano Nacional de Desenvolvimento (II PND). Nesse momento, a pecuária e a agricultura, que eram responsáveis por somente 15% da renda do país, ganharam um novo olhar.[4] "A agropecuária, que vem tendo, em geral, bom desempenho, é chamada a cumprir novo papel no desenvolvimento brasileiro, com contribuição muito mais significativa para o crescimento do PIB e mostrando ser o Brasil capaz de realizar a sua vocação de supridor mundial de alimentos e matérias-primas agrícolas, com ou sem elaboração industrial", diz o documento, assinado pelo então presidente, o general Ernesto Geisel.

Uma das formas para que esse setor correspondesse às altas expectativas que estavam em jogo naquele momento era por meio do "planejamento nacional e regional e dos bancos oficiais", e da "identificação de oportunidades de programas e projetos industriais no Nordeste e na Amazônia". Assim, começou a ser construído um dos pilares que sustentaria o que hoje conhecemos como a agropecuária brasileira.

Ainda na década de 1970, um plano político passou a existir e várias frentes foram criadas para pavimentar o caminho da pecuária brasileira. De um lado, o Brasil começou a investir em pesquisa e no desenvolvimento de tecnologia por meio da criação da Embrapa, em 1973. Em outra frente, as instituições financeiras passaram a dar suporte ao produtor por meio do crédito rural, instituído em 1965 para ser o principal instrumento de modernização do setor primário brasileiro.[5] E, para impulsionar o financiamento para o campo, o governo obrigou os bancos a destinarem 10% de todos os depósitos feitos à vista para a concessão do crédito rural. A expansão ocorreu de maneira vertiginosa, com os subsídios a taxas cada vez menores, até mesmo negativas, visto que eram mais baixas que a inflação.[6]

Na esteira da urbanização e industrialização instituídas pelos "cinquenta anos em cinco" do governo de Juscelino Kubitschek — que literalmente cimentou o Planalto Central do Brasil —, dezenas de cidades foram fundadas no Centro-Oeste a partir do programa de ocupação do território implementado pelos militares. Enquanto no Sul e no Sudeste os municípios nasciam às margens das ferrovias, no Centro-Oeste e no Norte eram as rodovias o ponto de partida das novas cidades, como já vimos nos capítulos anteriores.

A BR-163, que começou a ser construída durante a ditadura militar como parte do PIN, é uma das mais emblemáticas. Mais conhecida nas regiões Norte e Centro-Oeste como Cuiabá-Santarém, a longa estrada é um dos principais caminhos para o escoamento da soja de Mato Grosso. Consequentemente, engoliu a floresta, sendo apelidada pelos ambientalistas de "rodovia do desmatamento".

A derrubada de árvores foi inaugurando estradas e municípios em toda a região, em um movimento sincronizado com o avanço da agricultura e da pecuária. Nesse "balé do desenvolvimento" orientado pelo PND, a cidade de Sorriso, em Mato Grosso, foi uma das dezenas que apareceu às margens da BR-163. Assim como outros municípios da região, Sorriso nasceu pelas mãos de uma "colonizadora", como são chamadas as empresas particulares que recebiam incentivos fiscais e concessão do Estado para a venda de lotes adquiridos na região, em troca da implementação de infraestrutura básica que poderia dar origem a uma futura cidade. Sorriso irrompeu assim, ganhando o simpático nome, pelo que dizem, da Colonizadora Feliz Limitada. Ali perto, Sinop foi outro município que surgiu da mesma forma, embora não tenha ganhado um nome tão cativante.

Essas empresas imobiliárias lotearam a região na década de 1970, quando os Zanini ainda tinham terras que viriam a ser parte da cidade de Sorriso. Hoje, a BR-163 corta ambos os municípios, mas, no caso de Sorriso, a estrada divide a cidade não só geográfica como também socialmente, estabelecendo o que alguns pesquisadores nomearam de um apartheid local:[7] o "lado de cá", à esquerda da rodovia para quem segue na direção norte, é onde vivem os brancos e ricos. Chamados "gaúchos", são os migrantes que vieram do Sul por volta da década de 1970 para comprar lotes e colonizar a região. Do lado direito da rodovia, o "lado de lá" abriga a força de trabalho, feita de migrantes em sua maioria nordestinos, chamados de "maranhenses", que chegaram na década de 1990 para trabalhar nas propriedades dos "gaúchos".

Responsável por essa marcação social tão forte, a rodovia é hoje uma fronteira simbólica, segundo Regiane Custódio, historiadora e pesquisadora do município, em entrevista para este livro. Ela conta que a diferença entre uma margem e outra da BR é nítida. As casas e ruas desenham a paisagem de uma cidade que é rica de um lado e pobre do outro. Quando surgiu, o vilarejo era um grande loteamento particular de terras colonizadas pelos "gaúchos". "Naquela época, a região sul vivia um desmonte da agricultura, por meio da mecanização e da saturação das terras", afirma a historiadora. "Os grandes e médios agricultores acabavam expulsando os pequenos, que não conseguiam mais competir." Por isso a cidade, assim como outras da região, tem raízes sulistas e não é raro encontrar, por exemplo, um centro de tradições gaúchas pelas redondezas.

A Colonizadora Feliz e outras empresas fizeram história na região, fundando cidades e surfando na onda dos planos de ocupação promovidos pelo governo. Para serem aprovados,[8] os projetos apresentados pelas colonizadoras precisavam responder a uma série de critérios, como a construção de escolas e unidades de saúde. Mas, no fim, essas contrapartidas, quando cumpridas, chegavam à população como se fossem benevolências, e não como o que eram de fato: imposições legais. "Era como se fosse uma benesse, uma generosidade por parte das colonizadoras, mas, na realidade, era uma exigência. Sem escolas, por exemplo, o projeto não passava", afirma a historiadora.

Foi assim que surgiu a primeira escola de Sorriso, em 1982, chamada Mario Spinelli, em homenagem a um político, pecuarista, empresário e seringueiro que viveu na região. Naquela época, Sorriso ainda era um distrito da cidade vizinha, tornou-se município somente em 1986, depois de um plebiscito.

A professora Odila Bortoncello se recorda até hoje de ter participado daquele momento de emancipação da cidade. Do seu sítio de agrofloresta espremido entre imensas plantações de soja, ela me contou, com orgulho, sobre aquele dia. A jovem professora acabara de chegar ao município, tendo vindo com a família de Santa Catarina para viver em um lote comprado pelo tio. Seu primeiro emprego foi naquela escola, até então a única de Sorriso. Mal sabia que décadas depois lançaria a biografia da cidade.[9]

Ao longo de quatro anos, a professora levantou arquivos, pesquisou documentos e entrevistou dezenas de pessoas para perfilar o município onde cresceu e vive até hoje. Embora os Zanini fizessem parte da história, Odila logo percebeu que a lei do silêncio imperava quando o assunto era a família. Ela não conseguiu falar com nenhum dos familiares e ninguém mencionou o sobrenome Zanini ao longo das entrevistas coletadas por todo o município para o livro. A historiadora Regiane, que escreveu uma tese sobre Sorriso, também não conseguiu ouvir de ninguém o que se passou com a família. "É um campo minado", disse Regiane. "Durante a nossa pesquisa, marcamos diversas vezes com pessoas que iam falar sobre a história da família na cidade, mas elas não apareciam no dia da entrevista. Tem gente muito poderosa envolvida..." O motivo do silêncio, como eu descobriria depois, não eram apenas os 30 mil hectares de terra vendidos em 1963.

Na década de 1980, quando Sorriso foi fundada oficialmente como município, era consenso que o motor da agropecuária brasileira tinha potencial para acelerar muito mais por meio das diversas medidas que vinham sendo tomadas para alavancar o setor. O terceiro Plano Nacional de Desenvolvimento (III PND) foi lançado seguindo a ambição dos dois primeiros, com investimento em infraestrutura, desenvolvimento do setor energético e contenção da inflação.[10]

Foi nesse contexto expansionista que o governo do general João Batista Figueiredo (1979-85) criou o Programa Prioridade Agrícola. Sob o slogan "Plante que o João garante", o ministro do Planejamento, Antonio Delfim Netto, lançou uma série de ações para incentivar a produção agrícola. O pacote de medidas se revelaria um fracasso, mas, de início, incluiu a criação de diversos mecanismos e regras fiscais para o crédito rural que perduram até hoje. Também mexeu em uma peça importante no xadrez dos produtores rurais: a soja. Até os anos 1950, a tímida produção do grão no Brasil era consumida majoritariamente por bovinos e suínos.[11] A partir da década seguinte, seu cultivo passou a ser feito de maneira industrial, graças à mecanização das lavouras e aos avanços em pesquisas que aprimoraram a soja, nativa da China e do Japão, para que ela resistisse ao nosso clima. Isso abriu caminho para o cultivo no Cerrado, expandindo a produção que levaria o Brasil, mais tarde, em 2012, ao posto de maior produtor de soja do mundo.[12] Antes disso, no entanto, a soja contribuiu para uma inflação descontrolada — uma marca do modelo econômico da ditadura —, organizou movimentos e até "enforcou" ministro em praça pública. Chegaremos lá.

Cerca de uma década antes da fundação de Sorriso, ainda nos anos 1970, a demanda do mercado externo e a procura do grão — até então barato — por parcelas mais pobres da população havia impulsionado o valor da soja, que chegou a ultrapassar 100% de aumento entre 1972 e 1973.[13] A valorização estimulou os produtores a substituírem as lavouras de milho e trigo pela soja, um movimento que contribuiu para que os índices de inflação, já elevados, crescessem ainda mais.

Durante toda essa década, os militares tomaram iniciativas para tentar regular o mercado: aumentaram o subsídio para a produção de outros grãos, restringiram a importação de soja e, finalmente, limitaram sua exportação, impondo taxas duras aos agricultores. Uma "monstruosidade", como definiu o deputado federal Vasco Amaro (Arena) em um discurso na Câmara dos Deputados em 16 de maio de 1977, quando a soma de impostos chegava a 30% da produção.

Quando João Figueiredo assumiu, no fim da década, seu plano para tentar controlar a inflação ascendente dos últimos anos pareceu infalível: aumentar o crédito para estimular a produção, investir em pesquisa para modernizar o setor e assegurar a comercialização, garantindo o abastecimento interno. "Plante que o governo garante" virou até letra de música na boca da dupla sertaneja Jacó & Jacozinho.[14]

No entanto, em meio a uma inflação descontrolada, o plano de João Figueiredo e Delfim Netto acabou dando com os burros n'água. O projeto de reter as exportações da soja, até então somente ensaiado, finalmente saiu do papel pelas mãos de Delfim Netto e, na tentativa de regular o mercado impondo uma tarifa aduaneira sobre a soja, tornou sua exportação inviável.[15]

Essa iniciativa ficou conhecida como "confisco do Delfim" e gerou revolta nos agricultores por todo o país, organizados desde as taxações "monstruosas" de Geisel. "Não coma tudo, Delfim. Deixe um pouco para mim", dizia um cartaz durante um protesto no Rio Grande do Sul em abril de 1980. No Centro-Oeste, agricultores simularam com um boneco o enforcamento do ministro em praça pública, em uma cena retratada no documentário *Os homens do presidente* (*ou plante que o João garante*), de Paulo Rufino, lançado em 1985. "Nas minhas atribuições legais, quis que se fizesse abrir inquérito sobre o senhor Antonio Delfim Netto, acusado de inflacionar o país e de massacrar milhares de colonos sem deles ter compaixão e também de seus filhos, querendo confiscar a soja e agora massacrar os plantadores de arroz, todos endividados no Banco do Brasil sem que possam mais plantar", disse um agricultor encenando um julgamento no filme.[16]

Sem conseguir vender o que plantaram a preços competitivos, muitos produtores, especialmente os pequenos, não conseguiram arcar com as dívidas que haviam contraído com os incentivos ao crédito e acabaram falindo. Quando João Figueiredo entregou seu governo para a abertura democrática, deixou uma inflação de três dígitos, agricultores quebrados e um país arrasado pela repressão vivida nos vinte anos anteriores.

Apesar do fracasso, esse momento da história da agricultura brasileira foi crucial para pavimentar a sustentação do agronegócio pelo sistema financeiro da forma como é até hoje. Desde a criação do Sistema Nacional de Crédito Rural (SNCR), em 1965, o governo consolidou seu apoio ao setor, beneficiando principalmente os grandes proprietários. Somente três décadas depois foi lançado o Programa Nacional de Fortalecimento da Agricultura Familiar (Pronaf), direcionado aos pequenos produtores. Mas uma definição clara de agricultura familiar, incluindo critérios como tamanho máximo da propriedade e predominância da mão de obra familiar, só foi estabelecida em 2006. Em que pese as iniciativas e adaptações normativas ao longo dos anos, estudos indicam que a desigualdade na concessão de crédito rural persiste, com a maioria dos recursos ainda destinada a grandes e médios produtores, e para a região Sul.[17]

Ao longo dos últimos anos, diversos estudos demonstraram que, além da distribuição desigual do crédito rural, brechas na regulamentação e certa morosidade do sistema financeiro estão permitindo que os bancos financiem, no fim das contas, o desmatamento ilegal na Amazônia. E uma parte substancial desse financiamento é feita com dinheiro público, que subsidia parte do crédito rural com recursos que poderiam ser destinados à saúde ou à educação, por exemplo. "O Estado deveria, pelo menos, ter condições de desvincular qualquer tipo de recurso do contribuinte brasileiro a uma atividade de desmatamento", afirmou Juliano Assunção, diretor-executivo do CPI/PUC-Rio e professor do Departamento de Economia da PUC-Rio. Ainda assim, ele reconhece que há avanços significativos no setor financeiro em relação a esse impasse histórico de financiamento ao desmatamento ilegal.

Desde 2023, o Banco Central estabelece que não podem acessar o crédito rural os donos de propriedades cujo CAR — aquele registro obrigatório para os imóveis rurais — esteja cancelado ou suspenso, seja por estar sobreposto a outra propriedade, a uma reserva indígena ou a uma floresta pública, seja por embargos ambientais, por exemplo. Foi por causa dessa regra que José Julião, lá em São Félix do Xingu, saiu de mãos vazias — e praticamente amarradas — do banco. Uma sobreposição encontrada no CAR de sua propriedade ao da AgroSB o impediu de acessar uma linha de crédito agrícola na Casa de Tábuas. A regra faz parte de um esforço do sistema financeiro para tentar se adequar a boas práticas de sustentabilidade, e vem com outras, tais como: uma norma do Banco Central de 2014 estabelecendo que os bancos devem instituir suas próprias políticas de responsabilidade socioambiental, a criação do Comitê de Responsabilidade Socioambiental Organizacional (CRSO) e uma norma da Federação Brasileira de Bancos (Febraban) para regular o risco de desmatamento na cadeia da carne, que não se restringe somente à Amazônia.

Com o tema em voga, os três maiores bancos privados do Brasil — Itaú, Santander e Bradesco — lançaram, em 2020, o Plano Amazônia, traçando estratégias contra o desmatamento ilegal e com o objetivo de incentivar o desenvolvimento sustentável da região. No programa de atuação,[18] os impactos ambientais causados pela indústria frigorífica estão entre as prioridades do plano, que estabeleceu uma meta de zerar o desmatamento na pecuária até 2025, algo que não foi cumprido.

Essas são ações positivas e respondem a uma pressão vinda especialmente do mercado externo por mais transparência na rastreabilidade da carne brasileira, o que forçou o sistema financeiro e o governo a mitigarem a imagem do Brasil de grande produtor com base no desmatamento. Mas as regras muitas vezes se provaram ineficazes. "Existe essa regulamentação básica do Banco Central, mas ela é voluntária", me explicou Rariany Monteiro, especialista financeira do setor púbico na WWF-Brasil, mencionando a não concessão de crédito rural para propriedades com CAR irregular. "Existe um princípio em economia que a gente chama de interoperabilidade. Para você fazer uma análise comparada sobre as coisas, você traz todo mundo para a mesma régua para comparar sempre os mesmos indicadores", seguiu, com um raciocínio rápido. "Neste caso, como você tem uma regulação flexível, que permite que os bancos façam de forma voluntária os seus próprios indicadores, você não consegue nem comparar. E aí tem essa enxurrada de coisas que os bancos estão fazendo, que, no fim, tem muito mais a ver com marketing do que efetivamente com um processo de transformação dos negócios das instituições."

Enquanto elaboram planos com a palavra "Amazônia" ou "sustentabilidade" em seus departamentos de sustentabilidade e governança, conhecidos também pela sigla em inglês ESG (*environmental, social and governance*), os bancos, na outra ponta, continuam sustentando o desmatamento ilegal por meio da concessão de crédito. Isso porque a regra aplicada a Julião em São Félix do Xingu — de barrar a concessão ao menor indício de irregularidade — não é necessariamente aplicada a todos os clientes.

Para documentar essa disparidade, ao menos duas instituições sérias se debruçaram sobre informações públicas. Em

2024, o Greenpeace publicou um relatório extenso, com doze estudos de caso, mostrando que, entre 2018 e 2022, foram concedidos quase 50 milhões de reais em crédito rural a imóveis com alguma irregularidade na Amazônia. Para isso, foram utilizadas fotos de satélite, documentos oficiais do Ibama e dados extraídos do Banco Central.[19] Já a CPI/PUC-Rio fez um recorte temporal diferente e aplicou outra metodologia, mas chegou a conclusões parecidas: 36% do crédito rural subsidiado pelo Plano Safra — ou seja, com recursos públicos — entre 2020 e 2024 foi destinado a propriedades que desmatavam desde 2009.[20] Ao todo, 205,6 bilhões de reais foram concedidos para essas propriedades no período. E o pior: o estudo também identificou que a maior parte do desmatamento (91%) ocorreu antes da contratação do crédito. Isso significa que, antes de liberar o dinheiro, já era possível detectar que o cliente não respeitava os padrões que os bancos diziam exigir.

Não conceder dinheiro para quem está cometendo um crime parece uma regra evidente. No entanto, apesar de a norma do Banco Central afirmar que "não será concedido crédito rural"[21] aos imóveis rurais com passivos ambientais, não prevê nenhum tipo de punição à instituição financeira que o fizer. Os bancos, por sua vez, se defendem com suas próprias diretrizes de *compliance*, assim como a Febraban, que vem criando protocolos nesse sentido. "Temos, desde 2014, um eixo da autorregulação específico para o tema socioambiental", disse Amaury Oliva, diretor de sustentabilidade da Febraban. "Nossas regras eram até mais amplas do que a regulação do Banco Central, que, principalmente em relação ao desmatamento ilegal, era muito focado no bioma da Amazônia. As nossas regras de autorregulação são mais amplas e englobam todos os biomas."

Apesar dos esforços do sistema financeiro, os estudos já mencionados mostram que brechas ainda permitem escoar muito dinheiro para o desmatamento. E pouco é feito em relação a isso.

Em 2016, no âmbito da Operação Shoyo, pela primeira vez o Ibama autuou uma instituição financeira por financiar o plantio de soja em áreas com embargos ambientais em Mato Grosso.[22] A autuação rendeu uma multa de 47,5 milhões de reais ao Santander, confirmada em primeira instância pela Justiça em 2024, cabendo ainda recurso. E só quase dez anos depois, em 2025, uma segunda operação desse porte foi realizada, levando o Ibama a descobrir que o Banco do Brasil, o Banco do Nordeste e o Banco da Amazônia financiavam o desmatamento ilegal no Cerrado por meio da concessão de crédito. O valor das multas, desta vez, foi mais ameno: 3,6 milhões de reais no total.[23]

Enquanto elaboram planos para zerar o desmatamento ilegal com metas que, no fim, acabam não sendo atingidas e, na outra ponta, seguem concedendo crédito para quem atua justamente contra essas metas, os bancos se distanciam cada vez mais de um plano efetivo em defesa da Amazônia.

E esse distanciamento é também físico. Ao fazer uma reportagem para a *Repórter Brasil*, que envolvia a concessão de crédito bilionário por um dos maiores bancos do país a uma empresa com um histórico de passivos ambientais, conversei com profissionais responsáveis pelo departamento de sustentabilidade da instituição bancária em questão. Em um prédio da avenida Faria Lima em São Paulo, o coração financeiro do país, fui bem recebida e levada a uma sala de reunião com janelas grandes, café expresso e água em garrafas plásticas. Ouvi cinco profissionais — todas mulheres e em cargos de liderança — contarem sobre quem eram e como haviam chegado ali, uma forma de me mostrarem que aquele era um departamento formado por pessoas experientes. E era mesmo. Todas tinham currículos extensos. Na minha vez, falei quem eu era — "só repórter mesmo" —, mas que tinha experiência na cobertura de diversos temas, e, entre eles, alguns relacionados à Amazônia. Fui interrompida por uma diretora que levava o café à boca e parou no meio do caminho para perguntar com os olhos curiosos, abrindo um sorriso: "Então você já foi para lá?". Eu respondi, também sorrindo: "Vocês não?".

Ainda na Faria Lima, Amaury Oliva, diretor da Febraban, mencionou o desafio de contar com os bancos de dados públicos, referindo-se às lacunas do CAR. "Naturalmente, ninguém vai conceder crédito sabendo que tem um problema ambiental", disse ele, contrariando o estudo da CPI/PUC-Rio. "Agora, se isso não está nas bases de dados públicas ou nas consultas..." Na realidade, está. "Todos os bancos podem acessar o site de áreas embargadas do Ibama", defendeu Jair Schmitt, diretor de proteção ambiental do Ibama, discordando que haja lacunas no sistema de consultas de embargos ambientais. "Para fazer o financiamento de um empreendimento em uma determinada área, é preciso mostrar as autorizações de desmatamento, e esse tipo de informação também já existe. É uma questão de organização", afirmou. "Não é possível que o setor financeiro, que opera bilhões de reais, não tenha o mínimo de dinheiro para operar isso."

Oliva, por sua vez, diz que "o poder de polícia", ou seja, de fiscalizar, é do Estado, e não do banco. "Se você sabe de alguma movimentação irregular ao longo do contrato, você toma as medidas contratuais", diz. "Se, por exemplo, você concede um financiamento e a empresa contrata mão de obra escrava, existem as formas de rescindir esse contrato. Mas você tem que ter acesso a essa informação." Jair Schmitt reconhece que os sistemas podem ser aperfeiçoados, mas diz que as informações disponíveis hoje são suficientes para frear o crédito a um desmatador. "As informações podem ser melhoradas, disso eu não discordo. Mas é tão basilar, que ouvimos relatos de empréstimo bancário para produção agrícola em terra indígena."

Para piorar esse cenário, quem comete um crime ambiental não só consegue, muitas vezes, receber um financiamento, como também não arca com o compromisso de quitar as multas. O percentual de multas pagas é baixíssimo, como apontou um documento do Ibama de 2022.[24] Nele, o órgão esboça um plano de enfrentamento aos passivos ambientais pontuando que, entre 2013 e 2021, somente de 10% a 15% dos processos lavrados foram pagos ou parcelados. As mais de 94 mil autuações contabilizadas no período ultrapassavam 20 bilhões de reais em multas. A imensa maioria delas entra em um processo de recursos intermináveis ou prescreve. E nunca é paga.

Schmitt lembra, no entanto, que a multa não é nem pode ser a única punição. "A grande estratégia para travar o infrator é mexer economicamente em outras variáveis que o afetam muito", diz. "Por exemplo, ao fiscalizar os bancos e exigir mais regras de *compliance* para ele ser mais cuidadoso com isso, você vai restringindo o crédito." Servidor do Ibama há mais de duas décadas, tendo inclusive já sido presidente substituto do órgão, Schmitt entende como poucos dos sistemas de fiscalização ambiental. Para ele, é uma falha o instrumento proibitivo ser focado em multas. "Pense na CNH [Carteira Nacional de Habilitação]. Até determinado momento, as pessoas eram apenas multadas por infringirem as normas, como transitar em excesso de velocidade ou estacionar em local proibido. Quem tinha dinheiro, pagava e não se importava mais. Porém, a partir do momento em que as multas passaram a significar também o risco de perder a carteira, por meio da pontuação, isso pode ter surtido um efeito melhor."

No fim de 2022, o Banco Nacional de Desenvolvimento Econômico e Social (BNDES), em parceria com a plataforma MapBiomas, lançou um programa de monitoramento via satélite dos biomas brasileiros para suspender o financiamento para desmatadores. A iniciativa foi comemorada por quem estuda os impactos do crédito sobre o encolhimento da floresta.

"Esse foi um movimento muito interessante, porque, muitas vezes, o discurso do mercado financeiro é associado ao que eles chamam de 'custo de observância', ou seja, a capacidade que o banco tem de, de fato, detectar aquele fenômeno e monitorar", afirmou Juliano Assunção. "À medida que o BNDES consegue fazer isso pelas suas operações de crédito indireto, ele mostra o que é possível com o uso de tecnologia e de informações de satélite."

O BNDES, dessa forma, consegue atrelar o crédito à preservação da floresta. "Com essa iniciativa, o mais interessante é que o sistema financeiro está dando um sinal de que financia o ganho de produtividade e não está interessado em financiar a exploração da floresta", diz Assunção. "É a maneira correta de você atacar, não é? Seria desastroso se a gente simplesmente cortasse o crédito da agricultura."

Enquanto no Brasil Colônia cortar um pau-brasil podia levar à pena de morte, por razões que passavam longe das ambientais, no Brasil República as punições pela derrubada da floresta são mais relativas. As multas aplicadas e não pagas rendem um saldo bilionário, ao passo que a concessão de crédito ao médio e grande produtor por parte da União é ainda mais alta. Em 2003, quando lançou o primeiro Plano Safra, principal conjunto de políticas e diretrizes do governo voltado para a agropecuária, o presidente Luiz Inácio Lula da Silva (PT) anunciou 32,5 bilhões de reais para o setor. Nesse mesmo ano, o Brasil se tornou o maior exportador de carne do mundo, graças ao movimento que vinha se estabelecendo nas últimas décadas, na esteira dos planos de desenvolvimento e incentivos econômicos e fiscais que vimos. Vinte anos depois, o Plano Safra atingiu o patamar de 364,2 bilhões de reais. Mais de vinte bancos acessam o recurso por meio de quinze programas agropecuários, que vão desde os mais amplos, como o BNDES Crédito Rural, até os mais específicos, destinados à compra e à modernização de maquinários (Moderfrota) e à construção de armazéns (PCA), ou às cooperativas (Procap-agro e Prodecoop) e à agricultura familiar (Pronaf). As taxas de juros também variam conforme o programa. Em 2023, essa variação partia de 0,5% ao ano, no caso do Microcrédito do Pronaf, e chegava a até 14% para outros programas.

Os recursos destinados ao agronegócio brasileiro impulsionam fazendas de médios e, especialmente, grandes produtores. Assim, o objetivo que João Figueiredo, Delfim Netto e o PND queriam atingir finalmente foi alcançado: o agronegócio tem papel importante no PIB brasileiro, já há algumas décadas. Embora não seja o setor com o maior peso — o de serviços lidera —, sua participação na economia do país se manteve na casa de 20% nos últimos anos,[25] tendo a soja, a cana-de-açúcar e o milho papel fundamental nesse percentual. Já a pecuária, no país que se consolidou como o maior exportador de carne do mundo, representou, em 2024, 8,4% da fatia do PIB.[26]

Os incentivos econômicos históricos concedidos à agropecuária — diretamente, por meio de concessão de terras e crédito, e indiretamente, através da morosidade e consequente impunidade em relação à condenação dos crimes ambientais cometidos pela expansão agrícola — fortaleceram o setor, que ultrapassou as fronteiras econômicas. Na política, o agro continua exercendo sua histórica influência, formando hoje uma das maiores bancadas informais do Congresso,[27] a Frente Parlamentar Agropecuária (FPA), ou a "bancada do boi", como é conhecida. O grupo de parlamentares que defendem os interesses do agronegócio talvez seja o grupo mais bem coordenado do Congresso atualmente. Eles se reúnem semanalmente em um almoço aberto à imprensa em uma mansão no Lago Sul de Brasília. Ali, fica a sede do Instituto Pensar Agropecuária, uma organização criada em 2011 para "defender os interesses da agricultura e prestar assessoria à FPA por meio do acordo de cooperação técnica".[28] Trata-se de uma instituição que reúne quase cinquenta entidades do setor e cuja prática primordial é, no fim, o lobby — atividade não regulamentada, tampouco ilícita — pela aprovação das pautas de interesse do agronegócio.[29]

Fora de Brasília, as fronteiras do agro também se expandiram em ritmo acelerado e em diferentes frentes. Bruno Malheiro, doutor em geografia e professor da Unifesspa, além de coordenador do Laboratório de Estudos em Território, Interculturalidade e R-Existência na Amazônia (LaTierra), explica que a expansão do agronegócio ultrapassa as fronteiras econômicas. "É também uma dinâmica de produção de uma agenda cultural que carrega um conjunto de circuitos ligados à alimentação, à religião e até aos clubes de tiro", disse ele, que vivia em Marabá, onde nos encontramos quando eu voltava de São Félix do Xingu. Com a flexibilização ao acesso a armas no governo de Jair Bolsonaro, a quantidade de clubes de tiro cresceu 1400%, passando de 151 no primeiro ano do governo bolsonarista, para 2038, no último.[30] Esses números tomaram forma na paisagem durante a minha viagem à Amazônia, onde passei por alguns desses clubes espremidos nos lugares mais inusitados.

A agenda cultural descrita por Malheiro, também autor do livro *Geografias do bolsonarismo: Entre a expansão das commodities do negacionismo e da fé evangélica no Brasil*, é, de acordo com ele, completamente homogeneizada por tudo que permeia a música sertaneja. "As festas agropecuárias partem de uma lógica de drenagem dos recursos públicos para fins culturais ligados ao setor do agronegócio", diz. "Isso porque os grandes empresários dos cantores sertanejos também estão ligados ao setor da agropecuária." Não é sem motivo que o agro é, indiscutivelmente, pop.

A música sertaneja, da forma como foi popularizada, surgiu na década de 1980, marginalizada e rejeitada pela elite intelectual, que torcia o nariz para tudo e todos cujas origens não fossem os grandes centros urbanos. Ainda assim, o gênero musical acabou explodindo. O historiador Gustavo Alonso, autor do livro *Cowboys do asfalto: Música sertaneja e modernização brasileira*, explica que o marco dessa virada foi a canção "Fio de cabelo", gravada pela dupla Chitãozinho e Xororó em 1982. "O álbum vendeu mais de 1 milhão de exemplares. E olha que eles nem estavam nas trilhas de novela da Globo", afirma. "Pelo contrário, a Globo renegava o sertanejo e só foi incorporá-lo nas trilhas das novelas com *O Rei do Gado*, que, inclusive, foi a trilha sonora de novela da emissora que mais vendeu em toda a história."

Primeira novela a abordar a reforma agrária e o MST, *O Rei do Gado* estreou em 1996, ironicamente dois meses depois do massacre de Eldorado dos Carajás, cuja homenagem aos trabalhadores assassinados está marcada naquela curva do S pela qual passamos a caminho de São Félix do Xingu. A partir de então, o caminho do sertanejo dentro da emissora alavancou o estilo musical. Alonso conta que gravadoras internacionais começaram a produzir os discos das duplas sertanejas, impulsionando os sertanejos a outros patamares. E essa popularização veio junto com a do pagode e do funk, puxada pela ascensão da classe média na segunda metade da década de 1990.

Mas o historiador ressalta que, embora a história da explosão do sertanejo como estilo musical esteja entrelaçada com a expansão vertiginosa do agronegócio, a música precede a ampliação das fronteiras agrícolas. "A primeira gravação do sertanejo/caipira no Brasil é de 1929", diz ele. "Não havia nem de longe esse papo de soja ainda."

Ocorre que a soja hoje não é um elemento inerente a esse circuito cultural só porque sustenta financeiramente artistas e gravadoras: uma nova geração de sertanejos inaugurou um estilo musical que transformou a soja em letra de música. Muitas vezes fincada no discurso meritocrático, as letras do chamado *sertanejo ostentação* exaltam dinheiro, plantações de soja, carro importado, jatinho particular e até colheitadeiras. O orgulho do "pasto cheio de gado" se alia ao orgulho da "caminhonete cheia de mulher".

Em 2012, o hit "Camaro amarelo", ainda em tom irreverente nas vozes da dupla Munhoz e Mariano, abriu a porteira para o que viria em seguida: um novo estilo, também conhecido como sertanejo universitário. Segundo Alonso, o estilo se popularizou quando a classe média entrou na universidade, graças a programas sociais que democratizaram o acesso ao ensino superior, promovidos pelos governos petistas. "O sertanejo é filho da ampliação universitária do PT", diz o historiador. Ao se abrir vagas para outras classes sociais e culturais, o padrão estético também mudou.

Por essa razão, para Alonso, a música sertaneja não é necessariamente fruto do Brasil rural. "Eu diria que ela é a estética e a música das cidades médias, que começaram a crescer justamente nesses anos 1990", diz. "Claro, são cidades anexas a grandes conglomerados do agro. Mas são músicos urbanos, que querem ser urbanos e modernos." Esse caminho rumo à urbanização e à modernização das cidades levou "O trenzinho do caipira", de Heitor Villa-Lobos, e deu lugar ao "Camaro amarelo". Com tanto dinheiro destinado ao agro e uma bancada inteira no Congresso para defendê-lo, a simplicidade da "Nuvem de lágrima" perdeu espaço para a Hilux. "A roça venceu" — e venceu acumulando muito dinheiro.

Um estudo realizado pelo economista Sergio Wulff Gobetti, com base nos dados do imposto de renda, mostra que nos estados dominados pelo agronegócio, os mais ricos ficaram ainda mais ricos que no resto do país. Enquanto a renda do topo da elite brasileira — os 0,1% mais ricos do país, com renda mensal a partir de R$ 125 mil — aumentou 42% acima da inflação, em Mato Grosso a alta foi de 117%. Logo atrás, as maiores taxas médias de expansão na renda dos super-ricos foram verificadas em Mato Grosso do Sul (99%), Amazonas (84%) e Tocantins (78%). O levantamento, publicado no Observatório de Política Fiscal da Fundação Getulio Vargas (FGV) em 2024,[31] analisou os anos entre 2017 e 2022. O município de Sorriso está no topo do topo da pirâmide, classificado, sem exageros, como a cidade mais rica do agronegócio[32] devido ao volume da produção de soja e milho. Os contrastes mostram que "o lado de cá" e o "lado de lá" continuam bem marcados: em 2023, a cidade estava entre as dez mais violentas do país.[33]

Por mais visionário que fosse, dificilmente Edmund Zanini poderia imaginar que aquela imensa terra que comprou na década de 1960 se transformaria na cidade mais rica do agronegócio. O americano faleceu em 2016, antes mesmo de ver o que considerava justiça sendo feita. Consta nos processos que os compradores daquele pedaço de terra fraudaram o documento de compra e venda, alteraram os 30 mil hectares vendidos para 50 mil e transferiram as terras para terceiros. Zanini protestou, exigindo a diferença de volta, e então começou a ser ameaçado. No imenso caos fundiário que era toda aquela região à época, a família americana almejava uma ordem legal que até hoje vacila. Um levantamento feito pela plataforma de estruturação de dados e inteligência jurídica Jusbrasil mostra que na última década foram movidos mais de 27 mil processos envolvendo titularidade de imóveis na região Amazônica.[34]

Se hoje muitas das disputas vão parar nos tribunais, há mais de cinquenta anos a briga era mais basilar, com ameaças no lugar de processos. A última das feitas à família Zanini, que cravejou o quarto dos meninos de bala, foi violenta demais para que eles permanecessem ali. Com medo, fizeram as malas e deixaram Mato Grosso até que a poeira baixasse. Mas outra reviravolta derrubou de vez os planos da família de viver no Centro-Oeste brasileiro: uma procuração fraudada e lavrada em um cartório no Paraná dava aos falsários plenos poderes de venda de todas as terras restantes dos Zanini, uma área equivalente à cidade de São Paulo inteira, que representava 18% da extensão de Sorriso hoje.

A operação de fraude envolveu até mesmo um incêndio supostamente criminoso que transformou as certidões em cinzas na tentativa de eliminar as provas. Por ironia do destino, permaneceu intacto o Livro de Registros número 1, conhecido nos cartórios de registros de imóveis como o "protocolo oficial". Assim, foi possível atestar que não havia procurações feitas por Zanini. Até que a Justiça reconhecesse a fraude e atestasse a nulidade das certidões no fim dos anos 1980, e em outra ação, desta vez criminal, condenasse três pessoas pelo delito em 1991, as terras do americano já haviam sido retalhadas e vendidas para centenas de famílias. As mais de trezentas pessoas que compraram os lotes alegaram que o fizeram de boa-fé.[35] E como os terrenos foram vendidos e revendidos, a quantidade de gente envolvida no processo aumentava exponencialmente, fazendo-o se arrastar por anos. "Era impossível citar todos os envolvidos", lembrou o advogado de Zanini, Ruben Seidl. Por isso, o processo ficou parado por vinte anos até que conseguissem levantar todos os compradores e propusessem um acordo. Como muita gente estava implicada, o consenso era praticamente impossível. Ainda assim, o advogado conta que já houve êxito no acordo de mais da metade do imenso terreno, informação confirmada por Adriana Sant'anna Coningham, juíza da 2ª Vara Cível Especializada em Direito Agrário de Mato Grosso e responsável por julgar a etapa mais recente do caso. "Foram feitos vários acordos. Mas como esse é um processo complexo que não se resolve rapidamente, a posse dos ocupantes vai se consolidando", afirmou ela.

Em um quebra-cabeças de personagens que se multiplicam, as terras de Zanini, compradas de uma empresa cujo dono era Mario Spinelli — o mesmo que emprestou o nome à primeira escola da cidade, aquela da d. Odila —, hoje valem ouro. Na verdade, valem soja, moeda de troca na cidade para se comprar automóveis, terrenos e imóveis. O advogado da família não revela o valor das terras, mas, por cima, diz que a sentença determina o pagamento de uma indenização correspondente ao valor de mercado da terra nua — ou seja, do terreno sem nenhum equipamento, imóvel ou benfeitoria —, mas não prevê a forma de pagamento. Segundo o advogado, a indenização ficaria em torno de duzentas a trezentas sacas de soja por hectare, o que, na cotação da soja em maio de 2025 na região de Sorriso, correspondia a um valor de 22 mil a 33 mil reais por hectare, aproximadamente.

A história da família Zanini é parte da história de Sorriso, a cidade violenta, mais rica do agronegócio, construída em cima de um imenso grilo de terra. No entanto, segue sendo um tabu por ali. Tentei entrar em contato com Luciane Francio, herdeira e diretora da Colonizadora Feliz, a empresa que loteou Sorriso e credita a si a nomeação da cidade, mas jamais obtive retorno.

Os traumas e as ameaças vividos no Brasil foram o gatilho para que, anos mais tarde, segundo o advogado dos Zanini, um dos filhos da família americana cometesse suicídio. Já os filhos que representam o casal nos processos que ainda correm na Justiça não foram localizados. "Eles são muito discretos. Você não vai encontrá-los nas redes sociais", me disse o advogado, depois que eu, obviamente, já havia vasculhado todos os lugares possíveis. Mas, diante da minha insistência por uma entrevista, enviou uma mensagem mais objetiva: "Eu sou o porta-voz da família no Brasil. Eles não querem falar diretamente. Por favor, não tente contato direto".

O silêncio sobre a história dos Zanini em Sorriso é proporcional ao tamanho da terra que lhes escapou pelos dedos e também uma radiografia da região, marcada pela disputa violenta por terras e pelas enormes somas de dinheiro envolvidas. A história da família americana ecoa as disputas fundiárias que marcaram o avanço da produção rural no Brasil, além de expor as engrenagens ocultas que sustentam a pecuária, um dos pilares do agronegócio brasileiro.

A consolidação do setor ocorreu com forte apoio estatal — por meio de crédito subsidiado, flexibilização ambiental e políticas públicas direcionadas — e ganhou escala ao avançar sobre áreas de floresta, em especial na Amazônia, onde o desmatamento ilegal segue muitas vezes financiado com dinheiro público. Paralelamente, o agro construiu uma identidade cultural própria, impulsionada pela música sertaneja e por um discurso de modernização do interior, hoje refletido nas cidades médias que se tornaram símbolos de prosperidade rural. Sorriso, com sua produção concentrada na soja, sintetiza esse modelo: economicamente eficiente, politicamente influente e historicamente marcada por profundas contradições enraizadas no território.

5.
Entre a cerca e a esperança

Iniciativas e resistência que iluminam um caminho

"A gente voltou a ser ameaçado."

Parafraseando o líder indígena Almir Narayamoga Suruí, sobreviver na floresta é uma luta constante. Sete anos depois do nosso primeiro encontro, ele me contou que as ameaças que seu povo recebia em 2018, quando estive em seu território em Rondônia, voltavam a se intensificar. O risco, diz ele, nunca deixou de existir. Mas, desde o fim de 2024, o garimpo e a pecuária avançaram com mais força na região e reacenderam as intimidações ao povo paiter suruí e às suas lideranças, como Almir e sua filha, a jovem ativista Txai Suruí.

Na Amazônia, o tempo corre em outro compasso. Um ano já havia se passado desde a minha viagem a São Félix do Xingu, mas José Julião, que me recebeu em seu sítio na Casa de Tábuas, continuava de mãos atadas. O processo que movera contra a AgroSB no fim de 2023, por usucapião, permanecia estagnado. "A nossa situação continua a mesma", me disse, por meio de um áudio. "Estamos aguardando o juiz."

Enquanto isso, em Brasília, depois de alguns anos de desmonte dos órgãos ambientais e das políticas de proteção ao meio ambiente, os corredores ministeriais voltaram a receber discussões sobre a Amazônia. Marina Silva reassumiu o Ministério do Meio Ambiente, que quase chegou a ser extinto anos antes. Mas ela já não é mais a menina que fugiu da malária na adolescência e liderou protestos ao lado de Chico Mendes, tampouco este é o mesmo governo. E velhos fantasmas continuam a assombrar os corredores da Esplanada.

Na primeira passagem de Marina pelo ministério, ela comandou a pasta por cinco anos e deixou o cargo em 2008, devido a uma série de atritos com o governo de Luiz Inácio Lula da Silva. Acusada por alguns ministros de "travar" projetos de desenvolvimento, especialmente obras do Programa de Aceleração do Crescimento (PAC), como a Usina Belo Monte, no Pará, Marina reclamava de não ter apoio do presidente. O estopim teria sido a entrega da coordenação do Plano Amazônia Sustentável ao ministro de Assuntos Estratégicos, o filósofo Mangabeira Unger. Na época se noticiou que a medida representava, de uma vez por todas, a perda de respaldo às políticas de combate ao desmatamento que Marina vinha encabeçando. E, de fato, no fim de 2007, depois de três anos de queda no desmatamento, a floresta voltou a recuar.

De volta ao governo, no chamado Lula 3 (2023-6), Marina enfrentou uma nova queda de braço envolvendo a Amazônia, que desta vez envolveu um episódio de ofensas televisionado ao vivo do Senado, durante sessão da Comissão de Infraestrutura.[1] A exploração de petróleo onde desemboca no mar o rio que um dia percorri de barco entre Belém e Manaus novamente antagonizou ambientalistas e grupos econômicos e políticos. Por isso, a crise desencadeada no terceiro mandato de Lula chegou a ser chamada de "novo Belo Monte",[2] tendo a própria ministra feito essa associação.[3] A batalha envolve o licenciamento para a exploração de petróleo no oceano em uma área de cerca de 2200 quilômetros, que vai do Rio Grande do Norte até a fronteira com a Guiana, chamada Margem Equatorial. A região foi dividida em cinco bacias sedimentares, e uma delas, a Bacia da Foz do Amazonas, é o ponto central da nova disputa.

A Petrobras iniciou suas tentativas de obter licença para a perfuração no local em 2014, mas encontrou resistência do Ibama. Os técnicos do órgão consideraram que não havia um plano robusto de atendimento à fauna local em caso de vazamento de óleo. A região tem uma rica biodiversidade que poderia ser colocada em risco, além do impacto que a exploração poderia causar em comunidades indígenas e ribeirinhas, dizia o parecer do órgão naquela época. O local não é intocado, no entanto. A Bacia da Foz do Amazonas já foi perfurada entre as décadas de 1960 e 1980, mas sua exploração foi limitada às águas rasas, ou seja, em profundidades de até quatrocentos metros.[4] Nessa época, a discussão sobre a redução dos combustíveis fósseis (petróleo, gás natural e carvão) nem sequer engatinhava. Foi somente em 1995 que ocorreu a I Conferência do Clima da ONU, a COP I (Conference of the Parties, em inglês), em Berlim, estabelecendo metas para a redução de gases de efeito estufa. Ainda assim, o Protocolo de Quioto, que pactuou compromissos mais rígidos para essa redução, só foi firmado dois anos depois e implementado, de fato, apenas em 2005.

Curiosamente, a disputa pela exploração da Foz do Amazonas ocorre no mesmo momento em que o Brasil se prepara para sediar a COP 30, em Belém. O simbolismo é evidente: a mesa que discute o futuro climático do planeta é a mesma na qual se confrontam os interesses de conservação e destruição. As forças que protegem e devastam a floresta convivem nesse intenso cabo de guerra. As ameaças sempre existiram, como contou Almir Suruí. Mas a resistência também. E muitas vezes elas dividem os mesmos corredores ministeriais.

Em 2024, o Brasil registrou a menor taxa de desmatamento na Amazônia em seis anos, segundo o Inpe. A queda foi comemorada pelo governo como um marco, e não sem razão. Em um país onde a floresta perdeu, entre 2012 e 2022, quase o equivalente ao território de Portugal, qualquer sinal de desaceleração no desmate é um respiro. Mas os vetores da devastação permanecem ativos. A grilagem de terras públicas ainda é uma das principais porteiras de entrada para o desmatamento ilegal, com a pecuária como seu principal motor. E o CAR, criado para instituir transparência e controle no uso da terra, continua sendo um mecanismo frágil que permite a existência de terras públicas autodeclaradas como privadas, sobreposição de registros e uso de laranjas. Nossa herança portuguesa perdura — ao menos em relação ao caos fundiário que herdamos das capitanias hereditárias.

Os conflitos pela terra, especialmente na Amazônia, precisam ser resolvidos para que a floresta sobreviva, e, "para zerar o desmatamento, é preciso zerar a grilagem", afirmou Paulo Barreto, pesquisador associado do Instituto do Homem e Meio Ambiente da Amazônia (Imazon). Para Barreto, não faz diferença se Lula está na presidência ou se Marina Silva está no Ministério do Meio Ambiente. "Atualmente eu sou pessimista em relação a político eleito resolver esse problema", diz. "Acho que precisamos de alguma decisão judicial ou do Supremo [Tribunal Federal]. Muita gente tinha expectativa sobre o governo atual e, até agora, ele fez pouco", me disse no início de 2025. Uma frase contundente — e desiludida — para quem há tantos anos estuda os conflitos de terra no Brasil.

Ainda assim, apesar da compreensível falta de esperança, é importante destacar medidas como a do BNDES de monitorar, em parceria com a MapBiomas, o desmatamento via satélite de quem quer receber financiamento agrícola (como visto no capítulo 4). A tecnologia evoluiu. O discurso também. E vozes da ciência continuam apontando caminhos. Carlos Nobre, cientista do Inpe que hoje está na Universidade de São Paulo (USP), mantinha certo otimismo quando conversamos em 2023. Na ocasião, ele esboçou um plano aparentemente simples: se reduzíssemos o desmatamento pela metade a cada ano, chegaríamos ao desmatamento zero até 2030. Era uma matemática esperançosa — e realista em um cenário de vontade política e coordenação institucional. Mas o Brasil raramente opera desse modo.

Apesar de tudo isso, resistências brotam — e reside nelas a possibilidade de futuro. A despeito dos retrocessos, a Amazônia nunca foi um território passivo. Ao longo das reportagens que resultaram neste livro, encontrei diversas brechas que possibilitavam práticas ilegais, mas também diversas brechas de resistência. Em Rondônia, os indígenas da etnia paiter suruí utilizam uma plataforma de georreferenciamento, criada com apoio da WWF e da Associação de Etnodefesa Kanindé, para monitorar o desmatamento em tempo real. Suas estratégias de defesa também passam por um programa de "etnoturismo". A "primeira agência de turismo feita por indígenas", como se orgulha Almir Suruí, leva gente da cidade para aprender, com os pés na aldeia, o valor da floresta. Essas experiências formam outro tipo de cartografia da Amazônia: uma que não está nos mapas oficiais, mas que se desenha no cotidiano de quem nela decide permanecer.

No Pará, Claudelice Santos resiste há uma década à frente do Instituto Zé Cláudio e Maria pela defesa da preservação ambiental. E, quando chora ao contar a história da irmã e do cunhado assassinados, não é só saudade que escorre pelos olhos: é indignação, sentimento de injustiça, perguntas sem respostas — por que, para proteger o ecossistema que nos mantém vivos, é preciso colocar a própria vida em risco? —, mas também, e principalmente, sanha de luta.

Há ainda movimentos urbanos atentos a esse processo. "Algumas redes de varejo começaram a nos procurar dizendo que os consumidores estão questionando se o mercado garante que aquela carne não vem do desmatamento ilegal da Amazônia", me contou Louise Nakagawa, coordenadora de projetos do Instituto de Manejo e Certificação Florestal e Agrícola (Imaflora). Esses movimentos que pressionam o mercado também impulsionam iniciativas da sociedade civil em busca de soluções. Longe da floresta, pesquisadores se debruçaram sobre a necessidade de se criar um "sistema de rotulagem climática para a carne"[5] para transformar a tomada de decisão sobre o consumo a partir de informações como a origem e a pegada de carbono do alimento. É uma iniciativa que extrapola o debate focado na redução do consumo como a única solução dos problemas.

Nessa mesma direção, a plataforma Do Pasto ao Prato tem levado informações sobre a procedência da carne direto para quem está no supermercado. Por meio de um aplicativo, é possível buscar o código sanitário ou o CNPJ do fornecedor e identificar se o frigorífico de origem da carne tem multas sanitárias e realiza auditorias voluntárias, por exemplo. "A grande inovação foi mostrar onde as carnes vão parar depois do frigorífico", me explicou Dariele Santos, coordenadora de impacto da iniciativa. "E, assim, conseguimos fazer a responsabilização dos mercados." Mas a ideia, ela conta, é criar um canal aberto com os frigoríficos. "Não só criar um mal-estar entre eles."

O aplicativo também mostra se aquela picanha que pode ir parar no seu churrasco é proveniente de um frigorífico que aderiu ao Termo de Ajustamento de Conduta (TAC) da Carne. Estabelecido em 2009, o TAC da Carne é considerado um "marco" para a redução do desmatamento na Amazônia, como me disse o procurador do Ministério Público Federal (MPF) Daniel Azeredo. Ele foi um dos criadores desse acordo voluntário para que os frigoríficos que atuam na Amazônia não comprem gado de fazendas com desmatamento ilegal. Isso foi possível graças ao cruzamento de informações públicas sobre multas e embargos e a Guia de Trânsito Animal (GTA), que contém, entre outros dados, a origem do gado. Fornecedores com passivos ambientais passariam a ter dificuldade para vender o boi ao frigorífico.

A iniciativa apresentou resultados logo no primeiro ano de vigência, em 2009. "Foi registrado, pela primeira vez, um desmatamento ilegal na Amazônia abaixo de 10 mil quilômetros quadrados", afirmou Azeredo. "A gente quebrou um paradigma ali." Três anos mais tarde, esse número foi reduzido ainda mais, batendo 4750 quilômetros quadrados, segundo o procurador. "Era um resultado extraordinário. A gente tinha uma média de até 14 mil quilômetros quadrados de desmatamento por ano na Amazônia." É claro que outras ações para frear o desmatamento também foram tomadas, mas o TAC definitivamente foi um marco, e o procurador tem razões para se entusiasmar.

A ideia de firmar um compromisso com o mercado de carne surgiu a partir do diagnóstico de ineficiência dos processos de punição do desmatador, que incluem milhões de reais em multas jamais pagas e processos movidos contra laranjas. "Já faz mais de vinte anos que a gente enxerga o desmatamento acontecendo", diz Azeredo. "As pessoas ainda desmatam por várias razões, mas uma delas é que as punições não são efetivas." No capítulo anterior, Jair Schmitt, diretor de proteção ambiental do Ibama, já havia ilustrado o mesmo caminho. "A gente tem uma percepção, como sociedade, que olha muito para a multa", disse Schmitt. "Tudo é multa, mas não é bem assim. É preciso buscar outras formas, evoluir em outras maneiras de sanções que de fato atinjam o infrator."

E o TAC da Carne atingiu em cheio toda a cadeia. Como um pontapé, foi de fato efetivo. Porém, com o passar do tempo, os produtores foram descobrindo formas de driblar as regras. Hoje, embora comemore os avanços trazidos pelo acordo, Azeredo também enxerga suas vulnerabilidades. Talvez a principal seja o fornecedor indireto, ou seja, aquele que não vendeu diretamente ao frigorífico, mas ao produtor, que, este, sim, negocia com o frigorífico. Muitas vezes, o indireto tem passivos ambientais, mas ele "limpa", "lava" ou "esquenta o gado" em uma fazenda livre de embargos e multas. Independentemente do termo utilizado, o resultado é sempre o mesmo: essa triangulação faz com que o boi vá para a fazenda "limpa", que acaba sendo sua única origem na GTA, o que o deixa em conformidade com o TAC para o frigorífico.

As brechas deixadas pelo sistema do CAR, como vimos no capítulo 2, também enfraquecem o acordo. "Há muitos casos em que o CAR é bloqueado porque na área foi detectado desmatamento ilegal, mas o proprietário da terra refaz o cadastro — que é autodeclaratório — e tira a área de desmatamento ilegal do cadastro", explica Azeredo.

Ainda assim, não é exagero afirmar que o TAC da Carne veio na esteira de outras iniciativas que, juntas, contribuíram para uma queda substancial do desmatamento na Amazônia. Da mesma forma, o Imaflora e o MPF criaram, em 2019, o programa Boi na Linha, que reúne produtores de gado, frigoríficos, supermercados (que não fazem parte do TAC da Carne, restrito aos frigoríficos) e investidores, formando uma articulação para fortalecer os compromissos sociais e ambientais na cadeia da carne bovina na Amazônia. Por meio de monitoramento, auditoria e outros processos, o objetivo é ampliar a transparência para que a carne que chega até o consumidor seja livre de desmatamento.

Ao longo das apurações que fiz para este livro, todos os especialistas com quem conversei foram unânimes em um ponto: não há uma bala de prata capaz de resolver o imenso emaranhado que é o desmatamento ilegal causado pelo avanço da pecuária sobre a floresta. Mas todos também concordam com uma palavra: rastreabilidade. Até o momento, a GTA é o documento obrigatório que o produtor utiliza para transportar um animal de uma propriedade para outra e, por fim, ao abate. Ocorre que a GTA não é individual. É um registro por lotes de animais e, como mencionado, a única guia que chega aos frigoríficos é aquela com o registro da última fazenda onde o gado esteve. Esse documento não mostra, portanto, onde cada boi nasceu, cresceu, engordou e por onde passou até chegar aos caminhões-gaiolas que o levaram ao abate, entre choques e buracos no caminho.

Mas isso pode estar mudando. Em setembro de 2024, o boi Pioneiro recebeu um estalo diferente. Não foi um choque em um boiadeiro. Foi um furo na orelha por meio do qual foi colocado um brinco, rápido como na farmácia. Ao redor dele, encontravam-se produtores, autoridades e até o governador do Pará, Helder Barbalho (MDB). Todos queriam sair na foto que marcaria o início de uma política que enfim estava sendo implementada no Brasil: a rastreabilidade individual. Pioneiro recebeu o primeiro "RG do boi" em forma de brinco, estreando o Plano Nacional de Identificação Individual de Bovinos e Búfalos (Pnib), lançado pelo governo federal no mesmo ano, e dando início à implementação de uma política tão esperada.

No brinco são registradas informações como data e local de nascimento, sexo, espécie, vacinas e as propriedades pelas quais o animal passou. Esses dados são fundamentais para, por exemplo, facilitar o controle de doenças e responder a critérios estabelecidos pelos mercados externos, especialmente pela China, a maior compradora de carne brasileira em todo o mundo. Embora não tenha, ao menos por enquanto, um propósito também ambiental, o RG do boi, se bem implementado, pode ser uma grande oportunidade para o Brasil frear as pegadas de desmatamento da produção de carne, algo que vem sendo cada vez mais exigido pelos compradores internacionais, especialmente os europeus. A rastreabilidade individual é uma política esperada por todos que, assim como Daniel Azeredo e Jair Schmitt, veem de perto o potencial da pecuária brasileira, para o bem e para o mal. Se vai ser de fato efetivo, isso somente o futuro dirá.

"É preciso, por um lado, valorizar essa conquista. Assumir a responsabilidade de gerar dados e informação de melhor qualidade, tanto para fins sanitários quanto ambientais, foi um grande passo do setor", afirma Marina Guyot, gerente de políticas públicas do Imaflora. "Agora é um processo de aprimorar o sistema e criar condições de adesão aos produtores." Para ela, investir em sistemas que ajudem o produtor a se regularizar novamente depois de multas, embargos e cadastros irregulares, e que agilizem o processo de licenciamento ambiental para o desmatamento legal, é tão ou mais importante que a criação de novas soluções.

Com a esteira de iniciativas rolando, é provável que em um futuro não muito distante o consumidor esteja mais inserido nessa cadeia de controle, sendo capaz de decidir, por meio de informações confiáveis, quanto custa para o meio ambiente o alimento que vai comer.

Pouco menos de um ano antes de Pioneiro receber seu brinco, o governo lançou o decreto que regulamentou o PNCPD, uma sigla imensa para um nome ainda maior: Programa Nacional de Conversão de Pastagens Degradadas em Sistemas de Produção Agropecuários e Florestais Sustentáveis. O objetivo é recuperar 40 milhões de hectares — uma área maior que a Alemanha — de pastagens já abertas, poupando a abertura de novas áreas e freando o desmatamento para esse fim. Ainda é cedo, no entanto, para saber se os resultados serão atingidos.

O programa está sob o guarda-chuva do Plano ABC+ (Agricultura de Baixa Emissão de Carbono 2020-2030), um conjunto de ações para mitigar as emissões dos gases de efeito estufa no Brasil. Também faz parte desse grande plano a ampliação de um sistema de uso sustentável da terra e que combina, na mesma área, atividades agrícolas (lavoura), criação de animais (pecuária) e cultivo de árvores (floresta) para evitar a exaustão do solo e aumentar seu aproveitamento.[6] "É um sistema que maximiza a conservação de recursos naturais importantes, como ciclagem de nutrientes e a integridade do solo", explica Raphael Ligeiro, doutor em ecologia e professor da Universidade Federal do Pará (UFPA). Esse sistema tem sido promovido como alternativa à expansão da pecuária extensiva sobre áreas de floresta, permitindo produzir mais em menos espaço e com menor impacto sobre o meio ambiente. No entanto, sua eficácia depende de políticas públicas, assistência técnica e fiscalização ambiental, de modo que, mais uma vez, somente o tempo vai dizer se funciona. Ligeiro ainda lembra que não se trata de um sistema voltado para a biodiversidade, e sim para a produção.

É uma alternativa à pecuária extensiva e tradicional, que cria os animais espalhados por imensas áreas. Os adeptos desse sistema de integração afirmam que ele, inclusive, otimiza os lucros. Ainda assim, não foi implementado em larga escala. "De certa forma, os produtores não querem arriscar sair de um sistema que dá um retorno certo, embora seja predatório", afirma Ligeiro. Ele aposta na necessidade de uma mudança cultural, além de formação técnica para que o sistema de integração possa ser incorporado por mais produtores. Célia Guimarães, professora do curso de Especialização em Integração Lavoura-Pecuária-Floresta na Amazônia do Instituto Federal do Pará em Castanhal, pensa parecido. "O produtor precisa conhecer esse sistema e é necessário investimento em formação", diz.

As iniciativas descritas aqui, desde a elaboração de sistemas de proteção da floresta pelos indígenas, passando por projetos colaborativos que colocam nas mãos do consumidor a decisão sobre o consumo, até os acordos firmados com o mercado ou os planos do governo para reduzir o desmatamento, enchem o copo de quem o enxerga meio cheio. Cada iniciativa importa — não apenas por seu impacto direto, mas por desafiar o discurso de que nada funciona, de que a floresta está perdida, ou de que basta "cumprir a lei" que já existe. Não basta.

Viajar pela Amazônia é perceber que ela não é uma coisa só. Ela é heterogênea, como me disse a cientista Marina Hirota.[7] E, consequentemente, as respostas aos impactos causados nela também devem ser. Não se trata de uma discussão que opõe produtores a ambientalistas. "Eu acho que é uma ilusão imaginar que não precisamos extrair nada da floresta", afirmou ela. "Mas a gente extrai mais do que ela pode oferecer. Estamos acelerando um processo de substituição que não dá chance de a floresta voltar a se manter de pé."

Durante a apuração deste livro, vi com mais clareza o quanto a Amazônia não é um detalhe, e sim a engrenagem. O Brasil não depende da floresta somente para manter a imagem de potência ambiental, mas também para continuar existindo como país viável. O ponto de não retorno, aquele limiar a partir do qual a floresta perde a capacidade de se regenerar e passa a emitir mais carbono do que absorve, é um ponto também social e político. É a fronteira entre um modelo esgotado e a chance de refundar uma relação com o território.

Isso exige outro tipo de "grande acordo nacional", um que envolva não somente os governantes, mas cidadãos comuns, agricultores e ambientalistas, produtores e consumidores. A floresta é o que permite que o Brasil seja o que é: potência hídrica, potência energética, potência alimentar. Mas essa potência é também responsabilidade, que é construída em cada decisão de compra, voto, lei aprovada, hectare reflorestado e terra demarcada ou incendiada.

Voltei à floresta algumas vezes depois daquela viagem de barco entre Manaus e Belém. Nenhuma foi como a primeira. Não só porque já conhecia parte do percurso, mas porque entendi, com o tempo, que há algo no corpo que se transforma depois de atravessar a Amazônia. Um tipo de memória que não se apaga. Aquela virose, que me derrubou por dias e me impediu de provar os peixes e temperos paraenses, era mais do que um mal-estar pontual. Hoje vejo com clareza: era meu corpo dizendo que algo estava fora de lugar. Que o ritmo ao qual eu estava acostumada — linear, imediato, urbano — não se aplicava ali. Que seria preciso reaprender a respirar, comer, andar. Que não bastaria compreender a floresta com os olhos: seria preciso senti-la com os nervos.

A floresta, mesmo encurralada, ainda resiste em milhares de quilômetros quadrados, em milhões de árvores, em dezenas de milhões de pessoas que vivem nela ou dela. Resiste nos povos originários, nos ribeirinhos, nos pequenos agricultores e nos jovens que decidem ficar, apesar das atrações da cidade. Resiste nos projetos implementados por aqueles que vivem a quilômetros dela. Resiste até mesmo nos dados mais áridos, que por vezes indicam, como em 2024, uma queda nas taxas de desmatamento. Mas, principalmente, resiste nas escolhas que fazemos todos os dias e que, por sorte e avanço dos mais otimistas, que trabalham ativamente por essa resistência, estão cada vez mais cercadas de informações, iniciativas, transparência e possibilidades. O paradoxo da urgência diante dos avanços do desmatamento é imaginar que, próximos do ponto do não retorno, nós também nunca estivemos tão perto de soluções concretas para a produção de uma carne livre do desmatamento ilegal.

Epílogo

Como repórter, o pior dia de uma grande cobertura é sempre o último: quando a adrenalina já baixou e deu lugar à exaustão. O corpo sente o cansaço, e a cabeça sente as fichas caindo. Desastres naturais, como Brumadinho (2019), ou convulsões sociais, como a rebelião mortífera no presídio de Alcaçuz, em Natal (2017), me fizeram chorar copiosamente no avião de volta para casa.

Cobrir a Amazônia causou um pouco desse mesmo efeito, mas de forma prolongada, contínua, quase crônica. É como cobrir um grande desastre interminável. A história que conto neste livro está acontecendo. Tem raízes profundas no passado, se desenrola no presente e já compromete o nosso futuro. Não é um fato isolado, mas um processo. Não tem data de encerramento nem um vilão único. E talvez por isso seja tão difícil de narrar e de comover.

Quando recebi o convite da Todavia para escrever este livro, logo entendi que não faria sentido falar sobre o avanço da pecuária sobre a Amazônia e suas implicações sem contar a história de quem está lá. Por isso, mais uma vez, fiz as malas e parti — um pouco na pressa, entre a minha saída da *Repórter Brasil* e meu início na BBC, e um pouco na sorte. Arrisquei muito e fiz pouca produção, como se chama o trabalho que o jornalista faz antes de ir a campo, mapeando para onde e com quem vai falar quando chegar lá. Tive uma editora no *El País Brasil* que dizia que não existe repórter com sorte, existe talento. Acho que tive um pouco de faro, mas insisto em uma bela dose de sorte por ter encontrado personagens capazes de ilustrar tão bem uma problemática distante para quem vive na cidade.

Ao contrário da enchente que submergiu cidades inteiras do Rio Grande do Sul em 2024 e mobilizou o país, a devastação na Amazônia não move caminhões com doações. É um desastre ambiental cotidiano, silencioso, muitas vezes enxergado somente por satélites. A floresta em chamas não costuma provocar comoção — a não ser que as cinzas cheguem até o Sudeste, fazendo o dia virar noite, como aconteceu em 2019.

Ainda assim, há sinais de que algo está mudando. A emergência climática tem acendido sirenes nos mais lúcidos em um mundo ainda repleto de negacionistas. O neologismo "ecoansiedade" tenta resumir em uma palavra a imensa angústia diante das aceleradas transformações climáticas e ambientais que vivemos. Mas essa ansiedade, que agora chega aos centros urbanos, já existe há muito tempo nos corpos da floresta, que convivem há gerações com o avanço da destruição, com a violência, com a incerteza de permanecer em seus territórios.

A Amazônia nem sempre esteve nos meus planos. Quando comecei a trabalhar como repórter, meu foco era a política. A floresta me parecia distante — geograficamente, mas também nas prioridades das pautas. Foi quase por acaso que fui parar no Acre, atrás de detalhes da infância de uma candidata à presidência. E foi ainda mais por acaso que acompanhei uma expedição médica na TI Xavante. Nessas viagens, fui percebendo que, mesmo quando não é o tema principal, a floresta está sempre presente. Às vezes como cenário. Outras, como estrutura.

Com o tempo, fui me aproximando do jornalismo ambiental. No *El País Brasil*, tive a chance de contar histórias de vários cantos do país e fora dele. Em uma das reportagens que mais me marcou, acompanhei um grupo de agricultores brasileiros até o Senegal, onde foram compartilhar experiências com produtores locais sobre o uso de cisternas no semiárido. A tecnologia, desenvolvida no Nordeste brasileiro, estava sendo testada em fase piloto por lá. O que vi foi mais do que uma troca técnica. Foi um reconhecimento mútuo, uma solução simples e eficaz sendo levada a sério porque nascia do chão. Isso me ensinou muito sobre o poder da adaptação, o valor do conhecimento local e como soluções podem ser criadas fora dos centros de poder.

Na *Repórter Brasil*, o foco se aprofundou. Passei a acompanhar mais de perto os impactos sociais e ambientais da cadeia de produção de carne, o avanço da grilagem e do garimpo ilegal e os conflitos no campo. E entendi que contar essas histórias exige tempo, cuidado e disposição para ouvir, mesmo quando dói.

Cobrir temas ligados à pecuária foi consequência natural desse caminho. O boi, no Brasil, é quase um personagem político. Ele influencia a economia, a diplomacia, o meio ambiente e até o Congresso Nacional. E, na Amazônia, é também um agente de transformação territorial. Um animal que, paradoxalmente, se tornou mais relevante que as próprias árvores.

Nunca estive sozinha. Nunca fui pioneira. E nunca achei que estava descobrindo algo inédito. Ao contrário: quanto mais tempo passo em campo, mais entendo o quanto ainda sei pouco.

Este livro nasceu desse percurso. Não como uma denúncia fechada nem como um manual de soluções, mas como uma tentativa de compreender um processo que é histórico, estrutural, e que ajuda a explicar o país.

O avanço da pecuária sobre a Amazônia é parte de um modelo de ocupação e desenvolvimento que se repete há décadas. É estruturado, incentivado e, muitas vezes, premiado. Mas não é inevitável. E há quem o questione, quem o enfrente, quem invente outras formas de estar nesse território. Gente que resiste, não com heroísmo, mas com o que tem.

A floresta, no fim, não é só um tema. É um jeito de ver o mundo. E escrever sobre ela tem sido, para mim, uma forma de reaprender o tempo das coisas, o valor do silêncio e o lugar da escuta. Nem tudo cabe na lógica da produtividade ou do imediatismo. Às vezes, parar e ouvir já é muito.

Durante os dezoito meses em que estive produzindo este livro, meu filho caçula deixou de ser um bebê. Ele e o irmão mais velho mudaram de escola, nós mudamos de casa, eu mudei de emprego. Troquei os quatro pneus com o carro andando. A metáfora, que traduz a resolução de problemas complexos sem tempo para parar e refletir, não poderia ser mais oportuna. A recuperação da floresta não ocorrerá depois que o desmatamento parar. O Brasil não deixará de produzir carne para poupar os biomas. As soluções virão enquanto os rios secam, a fumaça sobe, os bois pastam e a boiada segue.

Mas, depois de tudo o que apurei, de todas as pesquisas e entrevistas que fiz, de todos os lugares por onde andei, ainda assim, sou otimista. Precisamos ser.

Agradecimentos

Especialmente ao Raoni, por todos os fins de semana, feriados e férias em que ficou com os nossos filhos para que eu pudesse concluir este trabalho. A conta jamais fecharia sem um companheiro como você. Também a Michelle, Cláudia, Criso, Marlene, minha mãe e Lidiane, que cuidaram dos meninos enquanto eu viajava e produzia este livro. Eu não chegaria aonde cheguei sem essa aldeia toda. E, claro, aos meus filhos, razão pela qual eu me levanto todos os dias antes de o sol nascer e que por muitas vezes me procuraram pela casa sem saber que eu estava escondida, escrevendo. Sei que não tiveram escolha e, se tivessem, jamais optariam pela minha ausência, mas um dia talvez entendam, então lhes agradeço pela paciência. Ao meu pai, que me ensinou desde cedo a gostar de jornal. Ao meu editor, Mario Santin Frugiuele, pelo convite para escrever este livro e pela calma, sempre, diante da minha ansiedade. À editora Todavia, por acreditar e investir no poder do jornalismo investigativo. À *Repórter Brasil*, que há mais de vinte anos se dedica a cobrir as violações dos direitos humanos, incluindo as ocorridas na cadeia de carne, e que me deu a oportunidade de investigar esse universo. À Marina Gama Cubas, pela importante pesquisa e apuração utilizadas no capítulo 4. Ao Frotinha, pelas dicas e fontes. Ao Júnior, por literalmente me guiar pelas estradas da Amazônia. Ao fotógrafo Fernando Martinho, que topou embarcar nessa aventura comigo. A José Batista, da CPT, pela aula que me deu; José Julião,

Claudelice Santos, Airton dos Reis Pereira e Almir Suruí, por dividirem suas histórias comigo. Jornalismo é feito de histórias e de pessoas, e eu tive a sorte de encontrar as duas coisas ao longo da minha apuração para este livro. Ao Bruno Malheiro, por dividir gentilmente suas pesquisas comigo e pela cerveja em Marabá depois de uma viagem intensa. Ao Imaflora por todo o suporte, pelas pesquisas, por me ajudar com fontes e informações valiosas e, acima de tudo, pelo trabalho que desempenham. Ao MapBiomas, Greenpeace, WWF e CPI/PUC-Rio por seguirem sendo fontes de informações seguras. Ao Eduardo Vieira Passos, do Distrito Sanitário Especial Indígena (DSEI), e Cristóvão Tserenhimi'ru, agente de saúde na aldeia Bom Sucesso, que conseguiram localizar o já adolescente Geraldo Alckmin Tseredowe. Aos Expedicionários da Saúde, com quem eu fui pela primeira vez à Amazônia. Ao *El País Brasil* e à BBC News Brasil, pelos ensinamentos valiosos de rigor, ética e apuração.

Notas

Introdução

1. "Marina diz que não embarcou por 'providência divina'". *O Estado de Minas*, 16 ago. 2014. Disponível em: <www.em.com.br/app/noticia/politica/2014/08/16/interna_politica,559289/marina-diz-que-nao-embarcou-por-providencia-divina.shtml>. Acesso em: 10 jun. 2025.
2. Marina Rossi, "No Estado do Acre, o PT é rei". *El País Brasil*, Rio Branco, 2 set. 2014. Disponível em: <brasil.elpais.com/brasil/2014/09/03/politica/1409700921_178762.html>. Acesso em: 10 jun. 2025.
3. Eliane Brum, *Banzeiro òkòtó: Uma viagem à Amazônia Centro do Mundo*. Companhia das Letras: São Paulo, 2021. p. 11.
4. Instituto Nacional de Pesquisas Espaciais. TerraBrasilis. Prodes (Desmatamento). Disponível em: <terrabrasilis.dpi.inpe.br/app/dashboard/deforestation/biomes/amazon/increments>. Acesso em: 10 jun. 2025.
5. Ibid.
6. Marina Rossi, "O Brasil tem condições de zerar o desmatamento em 15 anos". *El País Brasil*, São Paulo, 21 dez. 2014. Disponível em: <brasil.elpais.com/brasil/2014/12/19/politica/1418995320_749104.html>. Acesso em: 11 jun. 2025.

1. Como a Amazônia deu no que deu

1. Joana Chiavari, Cristina L. Lopes e Julia N. de Araujo, *Panorama dos direitos de propriedade no Brasil rural*. Relatório. Rio de Janeiro: Climate Policy Initiative, 2021. Disponível em: <www.climatepolicyinitiative.org/pt-br/publication/panorama-dos-direitos-de-propriedade-no-brasil-rural/>. Acesso em: 21 jun. 2025.
2. Ibid.
3. Gilberto Bercovici, "A Questão Agrária na Era Vargas (1930-1964)". *História do Direito*, Curitiba, v. 1, n. 1, pp. 183-226, jul. 2020.

4. IBGE, "Evolução do Rebanho bovino no Brasil 1940/2017". Disponível em: <atlasescolar.ibge.gov.br/brasil/espaco-economico/pecuaria/21906-evolucao-do-rebanho-bovino-brasil-1940-2017>. Acesso em: 11 jun. 2025.
5. SUDAM, *Plano de Desenvolvimento da Amazônia (1972-1974)*. Rio de Janeiro: Fundação IBGE, 1971.
6. "Linha do Tempo: Entenda como ocorreu a ocupação da Amazônia". *Imazon*, 2013. Disponível em: <imazon.org.br/imprensa/linha-do-tempo-entenda-como-ocorreu-a-ocupacao-da-amazonia/>. Acesso em: 12 jun. 2025.
7. Raimundo Nonato Ferreira, *Amazônia: Realidade cheia de perspectivas*. Belém: Sudam, 1989.
8. Christopher P. Barber et al., "Roads, deforestation, and the mitigating effect of protected areas in the Amazon". *Biological Conservation*, v. 177, pp. 203-9, set. 2014. Disponível em: <www.sciencedirect.com/science/article/abs/pii/S000632071400264X>. Acesso em: 12 jun. 2025.
9. "A ofensiva da ditadura militar contra a Amazônia". *Quatro cinco um*. Disponível em: <quatrocincoum.com.br/galeria/a-ofensiva-da-ditadura-militar-contra-a-amazonia/>. Acesso em: 12 jun. 2025.
10. Paula Salati, "Como a Amazônia se tornou berço do maior rebanho de bois no Brasil". *G1*, 23 jul. 2024. Disponível em: <g1.globo.com/economia/agronegocios/agro-de-gente-pra-gente/noticia/2024/07/23/como-a-amazonia-se-tornou-berco-do-maior-rebanho-de-bois-no-brasil.ghtml>. Acesso em: 22 jul. 2025.
11. Oxfam Brasil, "Menos de 1% das propriedades agrícolas é dona de quase metade da área rural brasileira". 27 ago. 2019. Disponível em: <www.oxfam.org.br/publicacao/menos-de-1-das-propriedades-agricolas-e-dona-de-quase-metade-da-area-rural-brasileira/>. Acesso em: 12 jun. 2025.
12. Cristiane Prizibisczki,"61% das Florestas Públicas ainda não destinadas na Amazônia estão registradas como privadas". *O Eco*, 6 jun. 2024. Disponível em: <oeco.org.br/noticias/61-das-florestas-publicas-ainda-nao-destinadas-na-amazonia-estao-registradas-como-privadas>. Acesso em: 12 jun. 2025.
13. "Operação Castanheira combate crimes ambientais no Pará". *G1*, 27 ago. 2014. Disponível em: <g1.globo.com/pa/para/noticia/2014/08/operacao-castanheira-combate-crimes-ambientais-no-para.html>. Acesso em: 12 jun. 2025.
14. "Homem considerado o maior desmatador da Amazônia é preso". *G1* e *Jornal Nacional*, 23 fev. 2015. Disponível em: <g1.globo.com/jornal-nacional/

noticia/2015/02/homem-considerado-o-maior-desmatador-da-amazonia--e-preso.html>. Acesso em: 12 jun. 2025.

15. "Operação desarticula quadrilha de desmatadores que movimentou R$ 1,9 bi no Pará". Ibama, 30 jun. 2016. Disponível em: <www.gov.br/ibama/pt-br/assuntos/noticias/copy_of_noticias/noticias-2016/operacao-desarticula-quadrilha-de-desmatadores-que-movimentou-r-1-9-bi-no-para>. Acesso em: 12 jun. 2025.

16. Mauricio Torres e Sue Branford, "A Máfia do Desmatamento". *The Intercept Brasil*, 22 mar. 2017. Disponível em: <www.intercept.com.br/2017/03/22/a-saga-da-famiglia-vilela-os-maiores-pecuaristas-e-destruidores-de-florestas-do-brasil/>. Acesso em: 12 jun. 2025.

17. Airton dos Reis Pereira, *Do posseiro ao sem-terra: A luta pela terra no sul e sudeste do Pará*. Recife: UFPE, 2015.

2. "Da viúva é mais barato"

1. IBGE, "Censo Agropecuário". Disponível em: <www.ibge.gov.br/estatisticas/economicas/agricultura-e-pecuaria/21814-2017-censo-agropecuario.html>. Acesso em: 22 jul. 2025.
2. Marina Rossi, "Especial Nome aos Bois". *Repórter Brasil*, 2022. Disponível em: <nomeaosbois.reporterbrasil.org.br>. Acesso em: 21 jun. 2025.
3. Fórum Brasileiro de Segurança Pública, *Anuário Brasileiro de Segurança Pública 2024*. São Paulo: FBSP, 2024. Disponível em: <forumseguranca.org.br/wp-content/uploads/2024/07/anuario-2024.pdf>. Acesso em: 13 jun. 2025.
4. IBGE, *Pesquisa da Pecuária Municipal*. SIDRA, 2023. Disponível em: <sidra.ibge.gov.br/pesquisa/ppm/>. Acesso em: 21 jun. 2025.
5. Kamila Diniz Oliveira et al., "O modelo de cidade moderna: Análise da forma dos planos da Nova Marabá/PA". *Paisagens híbridas*, v. 3, n. 1, pp. 64-91, 2023. Disponível em: <revistas.ufrj.br/index.php/ph/article/view/57552>. Acesso em: 21 jun. 2025.
6. Carlinhos Luz, "Massacre de Eldorado dos Carajás: 28 anos de impunidade". MST, 8 abr. 2024. Disponível em: <mst.org.br/2024/04/08/massacre-de-eldorado-do-carajas-28-anos-de-impunidade/>. Acesso em: 13 jun. 2025.
7. Comissão Pastoral da Terra, *Conflitos no Campo Brasil 2017*. Goiânia: CPT, 2018. Disponível em: <cptnacional.org.br/documento/conflitos-no-campo-brasil-2017-web/>. Acesso em: 13 jun. 2025.

8. Environmental Justice Foundation, *Trabalho escravo no setor pecuarista: O caso de Mato Grosso e Mato Grosso do Sul*. EJF, [S.l.], nov. 2023. Disponível em: <ejfoundation.org/resources/downloads/Trabalho-escravo-no-setor-pecuarista-o-caso-de-Mato-Grosso-e-Mato-Grosso-do-Sul.pdf>. Acesso em: 13 jun. 2025.
9. Instituto de Previdência do Município de Tucumã (IPMT), "O instituto". Disponível em: <ipmt.prefeituradetucuma.pa.gov.br/o-instituto/>. Acesso em: 13 jun. 2025.
10. IBGE, "Cidades — Tucumã". Disponível em: <cidades.ibge.gov.br/brasil/pa/tucuma/historico>. Acesso em: 13 jun. 2025.
11. A. Alencar e W. Farias, *Ourilândia do Norte: Grandes projetos, garimpos e experiências sociais na construção do município*. Belém: Açaí, 2008.
12. IBGE, "Cidades — Censo 2010". Disponível em: <censo2010.ibge.gov.br/>. Acesso em: 13 jun. 2025.
13. "Demonstrações contábeis 2024 — Agro SB". *Folha Capital*, 31 mar. 2025. Disponível em: <folhacapital.com.br/publicidade-legal/demonstracoes-contabeis-da-empresa-agrosb-agropecuaria-s-a/>. Acesso em: 14 jun. 2025.
14. Sistema Nacional de Cadastro Rural — Consulta pública de imóveis. Disponível em: <sncr.serpro.gov.br/sncr-web/consultaPublica.jsf?windowId=4b1>. Acesso em: 14 jun. 2025.
15. Gerd Sparovek et al., "Who owns Brazilian lands?". *Land Use Policy*, v. 87, 2019. Disponível em: <www.sciencedirect.com/science/article/abs/pii/S0264837719304077>. Acesso em: 14 jun. 2025.
16. Carlos Fioravanti, "As terras imaginárias do Pará". *Pesquisa Fapesp*, v. 279, maio 2019. Disponível em: <revistapesquisa.fapesp.br/as-terras-imaginarias-do-para/>. Acesso em: 14 jun. 2025.
17. "Pará só teria retomado um dos mais de 10 mil imóveis cancelados por suspeita de grilagem nos cartórios em 12 anos". *Imazon*, 30 jan. 2023. Disponível em: <imazon.org.br/imprensa/para-so-teria-retomado-um-dos-mais-de-10-mil-imoveis-cancelados-por-suspeita-de-grilagem-nos-cartorios-em-12-anos/>. Acesso em: 14 jun. 2025.
18. "Brasil tem 42 milhões de hectares de imóveis rurais cadastrados em terras públicas, indígenas, quilombolas e assentamentos". *Observatório do Código Florestal*, 16 dez. 2022. Disponível em: <observatorioflorestal.org.br/brasil-tem-42-milhoes-de-hectares-de-imoveis-rurais-cadastrados-em-terras-publicas-indigenas-quilombolas-e-assentamentos/>. Acesso em: 25 jun. 2025.

19. Cassia Almeida, “Proprietários rurais declaram 1 milhão de km^2 além de área passível de notificação”. *O Globo*, 3 nov. 2019. Disponível em: <oglobo.globo.com/politica/proprietarios-rurais-declaram-1-milhao-de-km-alem-de-area-passivel-de-notificacao-1-24058824>. Acesso em: 14 jun. 2025.
20. Ronaldo Pereira Santos, *Grilagem de terras na Amazônia: Fragilidades jurídicas da Lei 10 267/01 num estudo de caso de deslocamento de títulos centenários no município de Lábrea, AM*. Manaus: Ufam, 2023. Dissertação (Mestrado em Direito). Disponível em: <tede.ufam.edu.br/handle/tede/9687>. Acesso em: 21 jun. 2025.
21. Demonstrações contábeis 2024 — Agro SB. *Folha Capital*, 31 mar. 2025. Disponível em: <folhacapital.com.br/publicidade-legal/demonstracoes-contabeis-da-empresa-agrosb-agropecuaria-s-a/>. Acesso em: 14 jun. 2025.

3. O mapa do estrago

1. Felipe Milanez, *Lutar com a floresta: Uma ecologia política do martírio na Amazônia*. São Paulo: Elefante, 2024.
2. Carlos Madeiro, “Júri condena 2 por morte de ativistas; absolvição de mandante gera quebra-quebra”. UOL, Marabá, 4 abr. 2013. Disponível em: <noticias.uol.com.br/cotidiano/ultimas-noticias/2013/04/04/juri-condena-2-por-morte-de-extrativistas-e-absolve-acusado-de-ser-o-mandante.htm>. Acesso em: 16 jun. 2025.
3. Felipe Milanez, *op. cit.*
4. “Década da resistência”. Global Witness, 28 set. 2022. Disponível em: <www.globalwitness.org/pt/decade-defiance-pt/>. Acesso em: 16 jun. 2025.
5. Gustavo Uribe, “Ministro do Meio Ambiente defende aproveitar a crise do coronavírus para ‘passar a boiada’”. *Folha de S.Paulo*, 22 maio 2020. Disponível em: <www1.folha.uol.com.br/ambiente/2020/05/ministro-do-meio-ambiente-defende-aproveitar-crise-do-coronavirus-para-passar-a-boiada.shtml>. Acesso em: 16 jun. 2025.
6. “Amazônia perdeu quase 3 mil campos de futebol por dia de floresta em 2022, maior desmatamento em 15 anos”. Imazon. Disponível em: <imazon.org.br/imprensa/amazonia-perdeu-quase-3-mil-campos-de-futebol-por-dia-de-floresta-em-2022-maior-desmatamento-em-15-anos/>. Acesso em: 16 jun. 2025.
7. “Mais de 90% do desmatamento da Amazônia é para abertura de pastagem”. MapBiomas, 3 out. 2024. Disponível em: <brasil.mapbiomas.org/2024/10/

03/mais-de-90-do-desmatamento-da-amazonia-e-para-abertura-de-pastagem/>. Acesso em: 16 jun. 2024.

8. Marcos Pivetta, “Ano de 2023 é o mais quente do planeta desde 1850”. *Revista Fapesp*, v. 336, fev. 2024. Disponível em: <revistapesquisa.fapesp.br/ano-de-2023-e-o-mais-quente-do-planeta-desde-1850/>. Acesso em: 16 jun. 2025.
9. Roberta Jansen, “‘Estou apavorado. Ninguém previa isso; é muito rápido’, diz Carlos Nobre sobre crise climática”. *Estadão*, 11 set. 2024. Disponível em: <www.estadao.com.br/sustentabilidade/crise-clima-seca-queimadas-amazonia-carlos-nobre/>. Acesso em: 16 jun. 2025.
10. United Nations Environment Programme, “Emissions Gap Report 2024: No more hot air... please! With a massive gap between rhetoric and reality, countries draft new climate commitments”. Nairobi, 2024. Disponível em: <www.unep.org/resources/emissions-gap-report-2024>. Acesso em: 26 jun. 2025
11. Panorama das emissões e remoções de gases de efeitos estufas no Brasil. Disponível em: <plataforma.seeg.eco.br/>. Acesso em: 26 jun. 2025.
12. IBGE, *Pesquisa da Pecuária Municipal*. SIDRA, 2023. Disponível em: <sidra.ibge.gov.br/pesquisa/ppm/>. Acesso em: 21 jun. 2025.
13. Panorama das emissões e remoções de gases de efeitos estufas no Brasil. Disponível em: <seeg.eco.br/igs/>. Acesso em: 14 set. 2024
14. Embrapa — Contando Ciência na Web. Disponível em: <www.embrapa.br/contando-ciencia/arvores/-/asset_publisher/Zd2bjD3HpAAC/content/consumo-de-agua-para-producao-de-um-produto/1355746>. Acesso em: 16 jun. 2025.
15. Mercado Internacional — Carne Bovina. Abiec, mar. 2025. Disponível em: <www.gov.br/agricultura/pt-br/assuntos/camaras-setoriais-tematicas/documentos/camaras-setoriais/carne-bovina/2025/72a-ro-18-03-2025/apresentacao-mercado-da-carne.pdf>. Acesso em: 16 jun. 2025.
16. Dados Abertos — Ministério dos Direitos Humanos e da Cidadania. Disponível em: <dados.gov.br/dados/conjuntos-dados/programa-de-protecao-de-defensores-de-direitos-humanos-ppddh>. Acesso em: 16 jun. 2024.
17. Ibid.

4. Do confisco de Delfim ao sertanejo universitário

1. Este capítulo contou com parte da apuração e pesquisa feita pela jornalista e cientista de dados Marina Gama Cubas.

2. Tribunal de Justiça de Mato Grosso. Reintegração/Manutenção de posse. Disponível em: <www.jusbrasil.com.br/jurisprudencia/tj-mt/1343084183/inteiro-teor-1343084192>. Acesso em: 16 jun. 2025.
3. Adilson Dias Paschoal, *História da agricultura: Cinco séculos de agricultura no Brasil*. Piracicaba: Fealq, 2024.
4. *II Plano Nacional de Desenvolvimento* (PND). Biblioteca Digital. Ministério da Gestão e da Inovação em Serviços Públicos. Disponível em: <bibliotecadigital.economia.gov.br/handle/777/24>. Acesso em: 16 jun. 2025.
5. Rodrigo Valverde Beitum, *Crédito rural, agricultura e regime militar: A política de desenvolvimento agrícola (1965-1979)*. Assis: Unesp, 2012. Dissertação (Mestrado em História). Disponível em: <hdl.handle.net/11449/93312>. Acesso em: 17 jun. 2025.
6. Larissa Naves de Deus Dornelas, "Evolução da política de crédito rural no Brasil: Uma análise histórica". *Extensão Rural*, v. 27, n. 2, pp. 25-39, 2020. Disponível em: <doi.org/10.5902/2318179637583>. Acesso em: 17 jun. 2025.
7. Terezinha Ferreira de Almeida e Maria Inês Pagliarini Cox, "O lado nordestino da cidade de Sorriso: O lado maldito segundo a posição-sujeito sulista". *RUA*, Campinas, v. 22, n. 2, pp. 493-524, 2016. Disponível em: <periodicos.sbu.unicamp.br/ojs/index.php/rua/article/view/8647947>. Acesso em: 17 jun. 2025.
8. Lei nº 4504 de 1964. Dispõe sobre o Estatuto da Terra, e dá outras providências. Disponível em: <www.planalto.gov.br/ccivil_03/leis/l4504.htm>. Acesso em: 17 jun. 2025.
9. Odila Bortoncello e Elisa Aparecida Dias, *Resgate histórico do município de Sorriso: Portal da agricultura no cerrado mato-grossense*. Cuiabá: [s.n.], 2003.
10. III Plano Nacional de Desenvolvimento: 1980-1985. Biblioteca Digital. Ministério da Gestão e da Inovação em Serviços Públicos. Disponível em <bibliotecadigital.economia.gov.br/bitstream/777/23/1/III%20Plano%20Nacional%20de%20Desenvolvimento%201980-1985_PDF_OCR.pdf>. Acesso em: 17 jun. 2025.
11. Amélio Dall'agnol, "A soja no Brasil: evolução, causas, impactos e perspectivas", em Mercosoja 2011, Rosario, Argentina. Disponível em: <www.alice.cnptia.embrapa.br/alice/bitstream/doc/906861/1/amelio.soja.2011.pdf>. Acesso em: 17 jun. 2025.
12. "Brasil torna-se o maior exportador de commodities do agro do mundo". Insper, fev. 2025. Disponível em: <agro.insper.edu.br/storage/papers/February2025/EUA%20x%20Brasil.pdf>. Acesso em: 17 jun. 2025.

13. Rafael Coutinho Cunha e Rogério de Souza Farias, “Diversificação esquecida? Elementos causais da expansão da soja na pauta exportadora agrícola brasileira entre 1974 e 1979”. *Meridiano*, v. 47, n. 104, pp. 22-5, mar. 2009. Disponível em: <periodicos.unb.br/index.php/MED/article/view/3594/3275>. Acesso em: 17 jun. 2025.
14. Gustavo Alonso, *Cowboys do asfalto: Música sertaneja e modernização brasileira*. Rio de Janeiro: Civilização Brasileira, 2015.
15. Maira Eveline Schmitz, “Fotografia e espaço público visual: A globalidade da soja e os protestos contra o confisco de Delfim Neto em Santa Rosa/RS (1980)”. *Esboços*, Florianópolis, v. 28, n. 47, pp. 163-81, jan./abr. 2021.
16. Disponível em: <www.casadecinema.com/a-produtora/os-homens-do-presidente/>. Acesso em: 22 jul. 2025.
17. Felipe José Gurgel Amaral, *Análise da concentração e desigualdade na distribuição de crédito rural no Brasil*. Piracicaba: Esalq, 2020. Tese (Doutorado em Economia Aplicada). Disponível em: <www.teses.usp.br/teses/disponiveis/11/11132/tde-03102023-164723/publico/Felipe_Jose_Gurgel_do_Amaral_versao_revisada.pdf>. Acesso em: 17 jun. 2025.
18. “Plano Amazônia: três anos de conquistas, aprendizados e desafios”. Bradesco, Itaú e Santander, set. 2023. Disponível em: <banco.bradesco/assets/common/pdf/tres-anos-plano-amazonia.pdf>. Acesso em: 17 jun. 2025.
19. *Bancando a extinção: Bancos e investidores como sócios no desmatamento*. Greenpeace Brasil, abr. 2024. Disponível em: <www.greenpeace.org/static/planet4-brasil-stateless/2024/07/c69cc5b8-bancando-a-extincao-greenpeace-digital-v22_singlepage.pdf>. Acesso em: 17 jun. 2025.
20. Priscila Souza et al., “CAR a CAR: As instituições financeiras e o crédito para propriedades com desmatamento”. Rio de Janeiro: Climate Policy Initiative, 2024. Disponível em: <www.climatepolicyinitiative.org/pt-br/publication/car-a-car-as-instituicoes-financeiras-e-o-credito-para-propriedades-com-desmatamento>. Acesso em: 21 jun. 2025.
21. Banco Central do Brasil, “Condições básicas para o acesso ao crédito rural do Banco Central”. Disponível em: <www3.bcb.gov.br/mcr/manual/09021771869 25d24.htm>. Acesso em: 17 jun. 2025.
22. Bettina Barros, “Santander é multado por financiar produção de milho em área embargada”. *Valor Econômico*, 24 out. 2016. Disponível em: <valor.globo.com/agronegocios/noticia/2016/10/24/santander-e-multado-por-financiar-producao-de-milho-em-area-embargada.ghtml>. Acesso em: 17 jun. 2025.

23. André Borges, "Ibama multa Banco do Brasil, BNB e Basa em R$ 3,6 mi por financiar desmatadores do cerrado". *Folha de S.Paulo,* 19 mar. 2025. Disponível em: <www1.folha.uol.com.br/ambiente/2025/03/ibama-multa-banco-do-brasil-bnb-e-basa-em-r-36-mi-por-financiar-desmatadores-do-cerrado.shtml>. Acesso em: 17 jun. 2025.
24. Dado revelado pela Fiquem Sabendo, agência de dados especializada no acesso a informações públicas. "Nota sob sigilo aponta risco de prescrição de multas ambientais". Don't LAI to Me #77. Disponível em: <news.fiquemsabendo.com.br/p/nota-sigilosa-do-ibama-preve-que>. Acesso em: 18 jun. 2025.
25. Em 2024, o agronegócio representou 21,8% do PIB brasileiro. No ano anterior, 24%. Fonte: levantamento realizado pelo Centro de Estudos Avançados em Economia Aplicada (Cepea) da Escola Superior de Agricultura Luiz de Queiroz da Universidade de São Paulo. Disponível em: <www.cepea.org.br/br/pib-do-agronegocio-brasileiro.aspx>. Acesso em: 26 jun. 2025.
26. Abiec, "Beef Report 2025". Disponível em: <abiec.com.br/publicacoes/beef-report-2025-perfil-da-pecuaria-no-brasil>. Acesso em: 22 jul. 2025.
27. Departamento Intersindical de Assessoria Parlamentar (Diap). Bancadas informais no Congresso — Abordagem preliminar. 57ª legislatura 2023-2027. Disponível em: <www.diap.org.br/images/stories/bancadas_informais_congresso_2023_2027.pdf>. Acesso em: 18 jun. 2025.
28. Instituto Pensar Agropecuária (IPA). Disponível em: <www.pensaragro.org.br>. Acesso em: 18 jun. 2025.
29. Caio Pompeia, *Formação política do agronegócio*. São Paulo: Elefante, 2021; Leandro Prazeres, "Como lobby do agro emplacou redução de impostos para uso de agrotóxico na reforma tributária". *BBC News*, 20 dez. 2024. Disponível em: <www.bbc.com/portuguese/articles/cn4xwg5jy3po>. Acesso em: 18 jun. 2025.
30. Aline Ribeiro, "Durante governo Bolsonaro, clubes de tiros tiveram crescimento de 1400% e chegaram a 2038 casas em 2022". *O Globo*, 14 ago. 2023. Disponível em: <oglobo.globo.com/brasil/noticia/2023/08/14/durante-governo-bolsonaro-clubes-de-tiros-tiveram-crescimento-de-1400percent-e-chegaram-a-2038-casas-em-2022.ghtml>. Acesso em: 18 jun. 2025.
31. Sergio Wulff Gobetti, "Concentração de renda no topo: Novas revelações pelos dados do IRPF (parte 2)". Observatório de Política Fiscal — FGV, 23 jan. 2024. Disponível em: <observatorio-politica-fiscal.ibre.fgv.br/politica-economica/pesquisa-academica/concentracao-de-renda-no-topo-novas-revelacoes-pelos-dados-0>. Acesso em: 18 jun. 2025.

32. Ministério da Agricultura e Pecuária, "Os 100 Municípios com maior participação no valor da produção da agricultura brasileira". Brasília, 15 out. 2024. Disponível em: <www.gov.br/agricultura/pt-br/assuntos/noticias/mapa-divulga-os-100-municipios-mais-ricos-do-agronegocio-em-2023/os-100-municipios.pdf>. Acesso em: 18 jun. 2025.
33. *Anuário Brasileiro de Segurança Pública 2024*. São Paulo: Fórum Brasileiro de Segurança Pública, ano 18, 2024. Disponível em: <publicacoes.forumseguranca.org.br/items/f62c4196-561d-452d-a2a8-9d33d1163af0>. Acesso em: 18 jun. 2025.
34. O relatório levantou processos movidos entre 2014 e março de 2025, nos nove estados da região Amazônica, por usucapião e discriminatória (procedimento que separa terras devolutas das particulares). Ao todo, foram encontrados 27 281 processos, mais de um terço (10 331) no Tribunal de Justiça de Mato Grosso.
35. Rodrigo Vargas, "Justiça de MT decidirá destino de área que vale mais de R$ 1 bi". *Folha de S.Paulo,* 12 set. 2009. Disponível em: <www1.folha.uol.com.br/fsp/dinheiro/fi1209200918.htm>. Acesso em: 18 jun. 2025.

5. Entre a cerca e a esperança

1. Thaísa Oliveira, "Marina deixa sessão após senador dizer que, como ministra, ela não merece respeito". *Folha de S.Paulo*, 27 maio 2025. Disponível em: <www1.folha.uol.com.br/ambiente/2025/05/marina-abandona-sessao-no-senado-apos-bate-boca-sobre-rodovia-na-amazonia.shtml>. Acesso em: 19 jun. 2025.
2. Daniel Rittner, "Apesar de pressão sobre Ibama, governo aposta que Marina fica". *CNN*, 12 fev. 2025. Disponível em: <www.cnnbrasil.com.br/politica/apesar-de-pressao-sobre-o-ibama-governo-aposta-que-marina-fica/>. Acesso em: 26 jun. 2025.
3. Eliane Brum, "Marina Silva: 'Na minha opinião pessoal, a Petrobras não pode continuar a ser uma empresa de petróleo'". *Sumaúma*, 13 mar. 2023. Disponível em: <sumauma.com/marina-silva-na-minha-opiniao-pessoal-a-petrobras-nao-pode-continuar-a-ser-uma-empresa-de-petroleo/>. Acesso em: 26 jun. 2025
4. Bacia da Foz do Amazonas — Sumário Geológico e Setores em Oferta. ANP, 2021. Disponível em: <www.gov.br/anp/pt-br/rodadas-anp/oferta-permanente/opc/arquivos/sg/foz-amazonas.pdf>. Acesso em: 19 jun. 2025.

5. Marília L. David, Maycon N. Schubert e Frederico Salmi, *Políticas de rotulagem climática para a cadeia da carne no Brasil: Desafios, disputas e perspectivas*. Porto Alegre: Universidade Federal do Rio Grande do Sul, Instituto Clima e Sociedade, 2024.
6. Sistema Integração Lavoura-Pecuária-Floresta (ILPF) em Tecnologias do ABC+. Disponível em: <www.gov.br/agricultura/pt-br/assuntos/sustentabilidade/planoabc-abcmais/abc/tecnologias-do-abc-spsabc>. Acesso em: 26 jun. 2025.
7. "As 5 Amazônias: Bases para o desenvolvimento sustentável da Amazônia Legal". *Imazon*, 14 nov. 2022. Disponível em: <imazon.org.br/publicacoes/as-5-amazonias-bases-para-o-desenvolvimento-sustentavel-da-amazonia-legal/>. Acesso em: 26 jun. 2025.

Referências bibliográficas

Livros

ALENCAR, Antonio Ronaldo; FARIAS, William Gaia. *Ourilândia do Norte: Grandes projetos, garimpos e experiências sociais na construção do município*. Belém: Açaí, 2008.

ALONSO, Gustavo. *Cowboys do asfalto: Música sertaneja e modernização brasileira*. Rio de Janeiro: Civilização Brasileira, 2015.

BARRETO, Paulo et al. *Lições da expansão da pecuária bovina no Brasil (2000-2023) para uma produção sustentável e eficiente*. [S.l.: s.n.], 2025.

BRUM, Eliane. *Banzeiro òkòtó: Uma viagem à Amazônia Centro do Mundo*. São Paulo: Companhia das Letras, 2021.

DIAS, Elisa Aparecida; BORTONCELLO, Odila. *Resgate histórico do município de Sorriso: Portal da agricultura no cerrado mato-grossense*. Cuiabá: [s.n.], 2003.

IMAFLORA. *Do compromisso à ação: A trilha da carne bovina responsável na Amazônia brasileira*. [S.l.: s.n.], 2021.

MILANEZ, Felipe. *Lutar com a floresta: Uma ecologia política do martírio na Amazônia*. São Paulo: Elefante, 2024.

PEREIRA, Airton dos Reis. *Do posseiro ao sem-terra: A luta pela terra no sul e sudeste do Pará*. Recife: UFPE, 2015.

POMPEIA, Caio. *Formação política do agronegócio*. São Paulo: Elefante, 2021.

SOUZA, Márcio. *História da Amazônia: Do período pré-colombiano ao século XXI*. 3. ed. Rio de Janeiro: Record, 2021.

VILLAS BÔAS, Orlando; VILLAS BÔAS, Cláudio. *A marcha para o Oeste*. São Paulo: Companhia das Letras, 2012.

Artigos, documentos e trabalhos acadêmicos

ALMEIDA, Terezinha Ferreira; COX, Maria Inês Pagliarini. "O lado nordestino da cidade de Sorriso: O lado maldito segundo a posição-sujeito sulista". *RUA*, Campinas, v. 22, n. 2, p. 493-524, 2016. Disponível em: <periodicos.sbu.unicamp.br/ojs/index.php/rua/article/view/8647947>. Acesso em 17 jun. 2025.

BANCO DO BRASIL; DIRETORIA DE AGRONEGÓCIOS. "Evolução histórica do Crédito Rural". *Revista de Política Agrícola*, [s.l.], ed. 4, 2004. Disponível em: <rpa.sede.embrapa.br/RPA/article/view/587/pdf>. Acesso em: 20 jun. 2025.

BEITUM, Rodrigo Valverde. *Crédito rural, agricultura e regime militar: A política de desenvolvimento agrícola (1965-1979).* Assis: Unesp, 2012. Dissertação (Mestrado em História). Disponível em: <hdl.handle.net/11449/93312>. Acesso em: 17 jun. 2025.

BERCOVICI, Gilberto. "A questão agrária na Era Vargas (1930-1964)". *História do Direito*, Curitiba, v. 1, n. 1, pp. 183-226, jul. 2020. Disponível em: <doi.org/10.5380/hd.v1i1.78725>. Acesso em: 20 jun. 2025.

BOTH, Marcio. "Lei de Terras de 1850: Lições sobre os efeitos e os resultados de não se condenar 'uma quinta parte da atual população agrícola'". *Revista Brasileira de História*, São Paulo, ano 2015, v. 35, n. 70, 2015. Disponível em: <doi.org/10.1590/1806-93472015v35n70014>. Acesso em: 20 jun. 2025.

BORGES, Thelma Pontes; GONÇALVES, Marcela Vecchione. "De testemunho da 'Guerra do Araguaia' à luta por direitos na Amazônia brasileira". *Dilemas: Revista de Estudos de Conflito e Controle Social*, Rio de Janeiro, v. 16, n. 1, pp. 247-75, 2023. Disponível em: <doi.org/10.4322/dilemas.v16n1.50377>. Acesso em: 20 jun. 2025.

CÂMARA DOS DEPUTADOS. *Diário do Congresso Nacional*, Capital Federal, ed. 41, 17 mai. 1977.

CHIAVARI, Joana; LOPES, Cristina L.; ARAUJO, Julia N. *Panorama dos direitos de propriedade no Brasil rural. Relatório*. Rio de Janeiro: Climate Policy Initiative, 2021. Disponível em: <www.climatepolicyinitiative.org/pt-br/publication/panorama-dos-direitos-de-propriedade-no-brasil-rural/>. Acesso em: 21 jun. 2025.

COMISSÃO PASTORAL DA TERRA. *Conflitos no Campo Brasil 2017*. Goiânia: CPT, 2018. Disponível em: <cptnacional.org.br/documento/conflitos-no-campo-brasil-2017-web/>. Acesso em: 13 jun. 2025.

CUNHA, Raphael Coutinho da; FARIAS, Rogério de Souza. "Diversificação esquecida? Elementos causais da expansão da soja na pauta exportadora agrícola brasileira entre 1974 e 1979". *Meridiano*, v. 47, n. 104, pp. 22-5, mar. 2009. Disponível em: <periodicos.unb.br/index.php/MED/article/view/3594/3275>. Acesso em: 17 jun. 2025.

CUSTÓDIO, Regiane Cristina. *Sorriso de tantas faces: A cidade (re)inventada Mato Grosso — pós 1970*. Cuiabá: Universidade Federal de Mato Grosso, 2005. Dissertação (Mestrado em História).

DALL'AGNOL, Amélio. "A soja no Brasil: Evolução, causas, impactos e perspectivas". In: Mercosoja 2011, Rosario, Argentina. Disponível em: <www.alice.cnptia.embrapa.br/alice/bitstream/doc/906861/1/amelio.soja.2011.pdf>. Acesso em: 17 jun. 2025.

ENVIRONMENTAL JUSTICE FOUNDATION. *Trabalho escravo no setor pecuarista: O caso de Mato Grosso e Mato Grosso do Sul*. EJF, [s.l.], nov. 2023. Disponível em: <ejfoundation.org/resources/downloads/Trabalho-escravo-no-setor-pecuarista-o-caso-de-Mato-Grosso-e-Mato-Grosso-do-Sul.pdf>. Acesso em: 13 jun. 2025.

FERREIRA, Rafael (Org.); VIEIRA, Paulo André; ISENSEE E SÁ, Marcio (Coord.). *Sob a pata do boi: como a Amazônia vira pasto*. Rio de Janeiro: Associação O Eco, 2021. Disponível em: <www.oeco.org.br/download/111851/>. Acesso em: 21 jun. 2025.

FERREIRA, Raimundo Nonato. *Amazônia: Realidade cheia de perspectivas*. Belém: Ministério do Interior, 1989.

FIGUEIREDO, João. *Mensagem ao Congresso Nacional*. Biblioteca da Presidência da República, Brasília, pp. 14-21, 1985.

IMPÉRIO DO BRASIL. *Lei de Terras nº 601, de 18 de setembro de 2025*. Coleção das Leis. Rio de Janeiro, 1850.

LOPES, Cristina L.; COZENDEY, Gabriel; CÁRCAMO, Anna Maria. *Combate à grilagem de terras no Brasil: O papel do Poder Judiciário*. Rio de Janeiro: Climate Policy Initiative, 2023. Disponível em: <www.climatepolicyinitiative.org/pt-br/publication/combate-a-grilagem-de-terras-na-amazonia-o-papel-do-poder-judiciario/>. Acesso em: 21 jun. 2025.

MINISTÉRIO PÚBLICO DO ESTADO DO PARÁ (Pará). Herena Neves Maués Corrêa de Melo. Processo Administrativo, 10 de junho de 2021. "*Acompanhar situação fundiária do Conjunto Lagoa do Triunfo, localizado no município de São Félix do Xingu*", [s.l.], 10 jun. 2021.

MIRANDA, Newton Rodrigues. "Breve histórico da questão das terras devolutas no Brasil e dos instrumentos legais de posse sobre esses bens". *Revista do CAAP*, Belo Horizonte, v. 17, n. 2, pp. 153-76, 2011. Disponível em: <periodicos.ufmg.br/index.php/caap/article/view/47180>. Acesso em: 21 jun. 2025.

OLIVEIRA, Kamila Diniz et al. "O modelo de cidade moderna: Análise da forma dos planos da Nova Marabá/PA". *Paisagens híbridas*, v. 3, n. 1, pp. 64-91,

2023. Disponível em: <revistas.ufrj.br/index.php/ph/article/view/57552>. Acesso em: 21 jun. 2025.

SANTOS, Ronaldo Pereira. *Grilagem de terras na Amazônia: Fragilidades jurídicas da Lei 10.267/01 num estudo de caso de deslocamento de títulos centenários no município de Lábrea, AM*. Manaus: Ufam, 2023. Dissertação (Mestrado em direito). Disponível em: <tede.ufam.edu.br/handle/tede/9687>. Acesso em: 21 jun. 2025.

SETOR JURÍDICO, CPT. *Ref: Complexo de fazendas Lagoa do Triunfo — Município de São Félix do Xingu — Pá*. Destinatário: Jane Cleide Silva Souza, Promotoria de Justiça Agrária de Marabá. [S.l.], 5 maio 2017. Ofício.

SCHMITZ, Maira Eveline. "Fotografia e espaço público visual: A globalidade da soja e os protestos contra o confisco de Delfim Neto em Santa Rosa/RS (1980)". *Esboços: histórias em contextos globais*, Florianópolis, v. 28, n. 47, pp. 163-81, jan./abr. 2021. Disponível em: <doi.org/10.5007/2175-7976.2021.e76268>. Acesso em: 21 jun. 2021.

SOUZA, Priscila; ALBUQUERQUE, Amanda. *Agricultura familiar brasileira: Desigualdades no acesso ao crédito*. Rio de Janeiro: Climate Policy Initiative, 2023. Disponível em: <www.climatepolicyinitiative.org/pt-br/publication/agricultura-familiar-brasileira-desigualdades-no-acesso-ao-credito/>. Acesso em: 21 jun. 2025.

SOUZA, Priscila et al. CAR a CAR: *As instituições financeiras e o crédito para propriedades com desmatamento*. Rio de Janeiro: Climate Policy Initiative, 2024. Disponível em: <www.climatepolicyinitiative.org/pt-br/publication/car-a-car-as-instituicoes-financeiras-e-o-credito-para-propriedades-com-desmatamento/>. Acesso em: 21 jun. 2025.

SPAROVEKA, Gerd et al. "Who owns Brazilian lands?". *Land Use Policy*, v. 87, set. 2019. Disponível em: <www.sciencedirect.com/science/article/abs/pii/S0264837719304077>. Acesso em: 14 jun. 2025.

STUSSI, Mariana; SOUZA, Priscila; CONTRERAS, Maria Fernanda. *Como deter o desmatamento por meio de financiamento: Mapeamento regulatório do Banco Central do Brasil*. Rio de Janeiro Climate Policy Initiative, 2024. Disponível em: <www.climatepolicyinitiative.org/pt-br/publication/como-deter-o-desmatamento-por-meio-de-financiamento-mapeamento-regulatorio-do-banco-central-do-brasil/>. Acesso em: 25 jun. 2021.

TSAI, David et al. "Análise das emissões de gases de efeito estufa e suas implicações para as metas climáticas do Brasil 1970-2022". *SEEG*, [s.l.], 2022. Disponível em: <seeg.eco.br/wp-content/uploads/2024/11/SEEG-RELATORIO-ANALITICO-12.pdf>. Acesso em: 21 jun. 2025.

Pessoas entrevistadas

Adriana Sant'Anna
Airton dos Reis Pereira
Alessandro Samuel Rosa
Almir Suruí
Amaury Oliva
Bruno Malheiro
Bruno Varella
Carlos Nobre
Célia Guimarães
Claudelice Santos
Cristina Leme Lopes
Daniel Azeredo
Dariele Santos
Felipe Gurgel do Amaral
Gustavo Alonso
Jair Schmitt
Jordan Timo
José Batista Gonçalves Afonso
José Julião do Nascimento
Judson Valentim
Juliano Assunção
Lisandro Inakake
Louise Nakagawa
Marcio Both
Marina Guyot
Marina Hirota
Odila Bortoncello
Paulo Barreto
Raphael Ligeiro
Rariany Monteiro
Regiane Custódio
Ronaldo Pereira Santos
Ruben Seidl
Thais Bannwart
Vitor Leal

O cerco

Grafia atualizada segundo o Acordo Ortográfico da Língua Portuguesa de 1990, que entrou em vigor no Brasil em 2009.

capa
Maria Carolina Sampaio
foto de capa
Marcio Isensee e Sá/ ((o))eco
composição
Lívia Takemura
preparação
Isa Próspero
checagem
Gabriel Vituri
revisão
Paola Sabbag Caputo
Gabriela Marques Rocha

Dados internacionais de Catalogação na Publicação (CIP)

Rossi, Marina (1985-)
O cerco : A Amazônia invadida pelo gado /
Marina Rossi. — 1. ed. — São Paulo : Todavia, 2025.

ISBN 978-65-5692-885-2

1. Não ficção – ensaio. 2. Amazônia. 3. Agropecuária.
4. Desmatamento. 5. Meio ambiente – eventos.
I. COP 30. II. Título.

CDD 333.75/9811

Índice para catálogo sistemático:
1. Meio ambiente e desmatamento : Amazônia,
Brasil 333.75/9811

Bruna Heller — Bibliotecária CRB 10/2348

todavia
Rua Fidalga, 826
05432.000 São Paulo SP
T. 55 11. 3094 0500
www.todavialivros.com.br

fonte
Register*
papel
Pólen natural 80 g/m²
impressão
Geográfica

FSC
www.fsc.org
MISTO
Papel | Apoiando
o manejo florestal
responsável
FSC® C019498